O GATO DE BOTAS

UMA INTERPRETAÇÃO PSICOLÓGICA DO CONTO DE FADA

Rafaella Bourscheid

Gato de botas

Uma interpretação psicológica do conto de fada

Direção Editorial:
Marcelo C. Araújo

Comissão Editorial:
Avelino Grassi
Edvaldo Araújo
Márcio Fabri dos Anjos

Copidesque:
Ana Aline Guedes da Fonseca
de Brito Batista

Revisão:
Ana Rosa Barbosa

Diagramação:
Marcelo Tsutomu Inomata

Capa:
Tatiane Santos de Oliveira

Rua Diana, 592
Cj. 121 - Perdizes
05019-000 - São Paulo - SP
(11) 3675-1319 (11) 3862-4831
Televendas: 0800 777 6004
vendas@ideiaseletras.com.br
www.ideiaseletras.com.br

Dados Internacionais de Catalogação na Publicação (CIP)
(Câmara Brasileira do Livro, SP, Brasil)

Bourcheid, Rafaella
O Gato de Botas: uma interpretação psicológica do conto de fada /
Rafaella Bourcheid – São Paulo: Ideias & Letras, 2014.

ISBN 978-85-65893-67-1

1. Contos de fadas – Aspectos psicológicos
I. Título.

14-07988 CDD-150

Índices para catálogo sistemático:
1. Contos de fadas Interpretação psicológica
Psicologia 150

Agradecimentos

Muitas pessoas contribuíram para a existência deste livro, entre elas a professora Silvia Benetti, que ainda na graduação aceitou orientar meu trabalho de conclusão (que foi a origem desta escrita) em uma abordagem desconhecida para ela. Declaro meu profundo agradecimento a todas, em especial às colegas e amigas: Clenir Bueno, Eliane Berenice Frota Luconi, Gabriela Abreu e Viviane Ortiz. Agradeço ao Henrique de Oliveira Guerra pela revisão do texto original e ao Instituto Junguiano do Rio Grande do Sul por oportunizar meu desenvolvimento profissional desde a graduação e, certamente, ao longo de mais aprendizados futuros.

Agradeço pelo apoio de meus amores: mãe, Paulo e Tom, "o meu gato de botas", e dedico a eles este livro.

ÍNDICE

Prefácio

Este livro é o relato da *circumambulatio* (do andar em volta) que Rafaella Bourscheid percorreu no interior do conto de fada *O Gato de Botas*, explorando símbolos genuínos que descrevem o cenário psíquico de conteúdos do inconsciente coletivo, oriundos da base humana universal.

Esta obra teve sua semente plantada nas experiências infantis da autora, em sua sensibilidade e paixão pelos contos de fada, germinou através dos tempos e evoluiu ressignificando sua formação pessoal e profissional.

Marie-Louise von Franz e Carl Gustav Jung inspiraram a autora nesta obra, que oferece importante constructo teórico aos profissionais de psicologia, mas que se dedica igualmente ao público em geral por oferecer valiosos significados psicológicos à vida humana.

Para a interpretação de *O Gato de Botas*, Rafaella situa o leitor nos principais conceitos da teoria junguiana, propondo a *anima* como arquétipo central de sua exploração, e, para isso, constrói uma interessante analogia entre o Gato e os aspectos femininos da psique humana. Compreendida como a imagem da mulher no inconsciente do homem, a *anima* representa suas características psicológicas femininas, sendo portanto, responsável pelos humores, sentimentos, receptividade, capacidade de amar e sensibilidade – vistos como funções psíquicas de valor inestimável. Esses aspectos femininos são refletidos pela autora, não somente nas bases da psique masculina, mas também na psicologia das mulheres que ao longo do tempo vêm sofrendo transformações e desafios que põem à prova sua base instintiva feminina, e com isso sua natureza e saúde.

Em uma visão prospectiva, este livro apresenta o conto de fada como elemento organizador da vida psíquica tanto para as crianças, quanto para os adultos, pois em todas as fases da vida o conto tem o poder de acessar a instância mitopoética da alma, e no *re-viver* poético dos mitos e das histórias, a psique vai se *re-inventado* em um movimento de saúde e bem-estar.

Eliane Berenice Frota Luconi

Psicóloga, analista junguiana, membro fundador do IJRS (Instituto Junguiano do Rio Grande do Sul), membro da AJB (Associação Junguiana do Brasil) e da IAAP (Internacional Association for Analytical Psychology).

Apresentação

Os contos de fada na atualidade e "as psicologias"

A relação com os contos de fada vem se transformando conforme a época. Na origem, eles eram passados oralmente, em seguida compilados até surgirem em livros. Inicialmente destinados a adultos, o público-alvo ficou restrito às crianças. Com a chegada do cinema, os estúdios Disney levaram os contos de fada às telas através dos desenhos animados, histórias que encantam crianças e muitos adultos conectados ao *arquétipo da criança.*[1] Na última década, as indústrias cinematográficas buscaram inspiração nos contos de fada para criar enredos de filmes, sem qualquer comprometimento com o conto original. É o caso do filme de animação *Shrek*, com personagens como: o Gato de Botas, a Fada Madrinha, o Príncipe Encantado, o Ogro. O sucesso foi

[1] O arquétipo da criança "representa aspectos da infância da alma coletiva". Portador do futuro em potencial, da criatividade. JUNG, Carl Gustav. Em: *Os arquétipos e o inconsciente coletivo.*

tanto que o Gato de Botas ganhou um filme só seu (que nada tem a ver com o conto de fada). Já filmagens como: *Branca de Neve e o caçador* (*Snow White and the Huntsman*) e *Espelho, espelho meu* (*Mirror, Mirror*) são inspirados em um dos contos de fada dos irmãos Grimm: *Branca de Neve*. A televisão americana realiza séries premiadas, de sucesso mundial, como *Grimm*, história fantasiosa que faz menção aos contos dos irmãos Grimm, e *Once Upon a Time*, mais uma vez com inspiração em *Branca de Neve*.[2]

Com esse novo cenário tecnológico, as crianças de hoje, na maioria das vezes, iniciam a relação com os contos de fada muito cedo, assistindo aos Dvds dessas histórias, desde as fiéis aos contos de fada, até as histórias transformadas. Depois passam a se relacionar com os livros. Felizmente, hoje é muito difundida em creches e escolas infantis a leitura dos contos de fada. E esperamos que a tradição da leitura feita pelos pais para as crianças antes de dormir seja mantida. Seria altamente benéfico se os adultos também explorassem a leitura de contos de fada, mas hoje, na maioria das vezes, os contos de fada não têm espaço na vida adulta.

Os contos de fada sempre me encantaram quando criança, e quando iniciei a faculdade de psicologia, pensei: "Agora vou entender os contos de fada!". Perguntei para a professora da disciplina de Psicologia da Criança por que os contos mexiam tanto com a gente, davam medo, angústia... Ela disse que eu era mais sensível. Bem, aquilo não me bastou. Mas nem eu sabia que isso seria algo que eu buscaria

2 BONAVENTURE, Jette. *O que conta o conto?*, estuda *Branca de Neve*.

entender com tanto empenho. Na Academia não tive nunca nem uma menção aos contos de fada, somente sobre o *Teste das Fábulas*.[3] Mas quando iniciei a leitura paralela de *Psicologia Analítica Junguiana* durante a graduação, percebi que os contos de fadas são muito mais importantes do que eu imaginava. Existem inúmeras abordagens teóricas na psicologia e a graduação não contempla todas. Este livro é destinado aos profissionais de psicologia, mas também tem o intuito de aproximar os contos de fada e seus significados psicológicos do público em geral. Por isso, gostaria de deixar claro, para quem tiver interesse, que há outras abordagens teóricas que também incorporam o estudo dos contos de fada, mas com entendimento diferente da Psicologia Analítica Junguiana, com base em sua visão do ser humano e seus pressupostos teóricos.

A psicanálise tem diversos livros que se dedicam ao estudo, como *A psicanálise dos contos de fadas* de Bruno Bettelheim (referência também para outras abordagens, além da psicanálise). O brasileiro Celso Gutfreind escreveu *O terapeuta e o lobo – a utilização do conto na psicoterapia da criança*, que aborda um estudo realizado na França. Há outros profissionais brasileiros que publicaram obras sobre isso, como Diana e Mario Corso com *Fadas no divã* (alcançou grande popularidade também entre leitores leigos em psicologia ou psicanálise) e *Psicanálise na Terra do Nunca*.

[3] Teste que hoje não pode mais ser usado, pois necessita de revalidação para nova aprovação do Conselho Federal de Psicologia.

No Brasil existem psicólogos que trabalham com grupos e utilizam os contos de fada como instrumento terapêutico. Em geral, isso é feito em instituições como hospitais, casas de passagem e abrigos. Também pode estar associado à arteterapia. Muitos deles trabalham com psicodrama. No Brasil, Cybele M. Rabelo Ramalho e Rosa M. Corumba escreveram o livro *Descobrindo enigmas de heróis e contos de fadas: entre a psicologia analítica e o psicodrama*. E, é claro, psicólogos junguianos utilizam os contos de fada nos consultórios.

A Psicologia Analítica Junguiana tem como precursora e grande estudiosa dos contos de fada, Marie-Louise von Franz, na qual me baseio para a realização deste estudo. No Brasil, Jette Bonaventure estudou e trabalhou com contos de fada. É autora do excelente livro *O que conta um conto?*. Porém, o livro que alcançou grande visibilidade fora do círculo da psicologia foi *As mulheres que correm com os lobos*, de Clarissa Pinkola Estés, americana, analista junguiana, que trabalha no livro com contos de fada, mitos, lendas e seus significados.

Convido o leitor a entrar, nos próximos capítulos, no mundo dos contos de fada para descobrir o que o personagem Gato de Botas tem para nos contar nas entrelinhas das suas ações e o que ele traz para as nossas vidas.

Introdução

Os gatos sempre fizeram parte da minha vida. Gostava de brincar na sua companhia, o que chamava atenção da minha avó, que me dizia: "Mas que guria que atrai todos os gatos da vizinhança!". Naquela fase de minha vida, tive pouco contato com os contos de fada. No entanto, me lembro claramente de quatro contos de fada e de o quanto eles me mobilizavam: *Chapeuzinho Vermelho*, *Branca de Neve*, *Os três porquinhos* e *Cinderela*. Não tive a oportunidade de ler, naquela época, o conto de fada *O Gato de Botas*, tampouco foi lido ou relatado para mim esse importante conto. Mas eu sabia da existência de "um gato que usava botas". Ficava imaginando como seria esse gato e me perguntando por qual motivo ele usava botas, mas tive que esperar um tempo para buscar essas respostas.

Ao estudar Psicologia Analítica Junguiana, a partir da extensa obra sobre contos de fada, escrita pela analista Marie-Louise von Franz, a qual trabalhou por muitos anos junto a Carl Jung, passei a me interessar pela interpretação dos contos e a ser uma leitora voraz desse tipo de literatura. Também tenho utilizado os contos de fada como instrumentos em minha prática clínica, pois assim o paciente tem a possibilidade de entrar em contato com os conteúdos arquetípicos presentes nos contos de fada. O conto é escolhido de acordo com o momento ou a dificuldade de cada paciente – independentemente de sua idade – com o objetivo de viabilizar o processo de individuação.

A semente deste livro foi a interpretação de *O Gato de Botas* elaborada para o Trabalho de Conclusão de Curso (TCC) de graduação em psicologia, depois reformulada e reescrita. No entanto, como *O Gato de Botas* trata de aspectos da anima, isto é, das características intrínsecas da psique feminina na psique masculina, ao terminar a interpretação surgiu uma necessidade intensa: a de escrever sobre como esse conto auxilia a psique feminina, já que metodologicamente esse aspecto ficou restrito naquele trabalho.

Portanto, este livro tem o intuito de interpretar o conto de fada *O Gato de Botas*, segundo o modelo de interpretação junguiana, proposto por sua maior estudiosa Marie-Louise von Franz, e também de amplificar os aspectos que envolvem o feminino, tanto o arquétipo[4] da anima, quanto o elemento feminino pertencente ao homem e à mulher. Esses dois objetivos, interpretação e amplificação, são importantes ferramentas tanto na análise teórica, quanto na prática clínica. Isso, entretanto, aliado à difícil tarefa de tentar tornar a "linguagem junguiana" acessível aos leitores iniciantes, porém dispostos a conhecer o mundo arquetípico expresso nos contos de fada.

---

[4] JUNG, Carl Gustav. Imagens humanas universais e originárias. Em: *Psicologia do inconsciente*.

Apresentarei no próximo capítulo o conto de fada *O Gato de Botas*, também conhecido como *O Mestre Gato*, escrito por Charles Perrault. Utilizo o conto original, do livro *Contes de ma Mère L'oye* (*Contos da mamãe gansa*), publicado pela primeira vez em 1697.

1
O conto de fada *O Gato de Botas* ou *O Mestre Gato*

Um moleiro deixou aos três filhos seus únicos bens: o moinho, o burro e o gato. A partilha foi feita logo, sem que fossem chamados, nem notário e nem procurador. Eles teriam logo consumido todo o pobre patrimônio. Ao mais velho tocou o moinho, ao segundo o burro e ao mais moço apenas o gato. Esse último ficou inconsolável por lhe tocar uma parte tão pobre e dizia:

– Meus irmãos, ficando juntos, poderão ganhar a vida razoavelmente bem; quanto a mim, depois de ter comido o meu gato e feito um regalo com sua pele, morrerei de fome.

O gato, que ouvia essas palavras, mas sem dar a perceber, disse-lhe com ar sério e ponderado:

– Não se aflija, patrão, é só me dar um saco e mandar fazer um par de botas para andar na macega, e verá que não foi tão mal aquinhoado como pensa.

Ainda que o dono do gato não confiasse muito nisso, tinha--o visto fazer tanta acrobacia para apanhar ratos e camundongos, como quando se pendurava pelos pés, ou se escondia na farinha para se fazer de morto, que não duvidou que pudesse ser socorrido por ele em seu infortúnio.

Quando o gato obteve o que havia pedido, calçou as botas cuidadosamente e, com o saco no pescoço, segurou os cordões com as duas patas dianteiras e foi para um mato onde havia grande quantidade de coelhos. Pôs no saco farelo e alface e, estendendo-se como se estivesse morto, esperou que algum coelhinho, ainda pouco iniciado nas manhas deste mundo, viesse meter-se no saco para comer o que havia dentro. Mal se deitara, foi recompensado; um coelhinho estabanado entrou no saco e o Mestre Gato, puxando em seguida os cordões, apanhou-o e o matou sem misericórdia. Todo orgulhoso com sua presa, foi ao castelo do Rei e pediu para lhe falar. Fizeram-no subir aos aposentos de Sua Majestade. Ao entrar, fez uma grande reverência ao Rei e lhe disse:

– Eis aqui, Majestade, um coelho selvagem que o senhor Marquês de Carabás (foi o nome que lhe ocorreu dar a seu dono) me encarregou de vos oferecer de sua parte.

– Diz ao teu dono – respondeu o Rei – que eu lhe agradeço e que gostei muito.

De outra feita, ele foi se esconder em um trigal deixando novamente o saco aberto; e quando duas perdizes entraram nele, puxou os cordões, e apanhou as duas. A seguir, foi oferecê-las ao Rei, como tinha feito com o coelho selvagem. O Rei novamente recebeu com prazer as perdizes, e mandou que lhe desse uma gorjeta.

Desse modo, durante dois ou três meses, o gato continuou a levar de vez em quando ao Rei os produtos das caçadas de seu dono. Um dia, sabendo que o Rei iria passear na beira do rio com sua filha, a mais bela princesa do mundo, o Gato disse ao seu dono:

– Se aceitar meu conselho, sua fortuna está feita; é só o senhor banhar-se no rio no lugar que eu lhe mostrar e deixar o resto comigo.

O Marquês de Carabás fez o que seu Gato lhe aconselhava, sem saber para que serviria. No momento em que se banhava, aconteceu de passar o Rei, e o Gato se pôs a gritar com toda a força:

– Socorro, socorro, o Marquês de Carabás está se afogando!

Ouvindo o grito, o Rei pôs a cabeça na portinhola e, reconhecendo o Gato que tantas vezes lhe tinha trazido caça, ordenou a seus guardas que fossem depressa em socorro do senhor Marquês de Carabás. Enquanto tiravam o pobre Marquês do rio, o gato se aproximou da carruagem e disse ao Rei que no momento em que seu dono se banhava, tinham vindo ladrões e levado sua roupa, ainda que tivesse gritado com toda a força; o espertinho as tinha escondido debaixo de uma grande pedra.

O Rei em seguida ordenou aos oficiais de seu guarda-roupa que fossem buscar um de seus mais belos trajes para o senhor

Marquês de Carabás. O Rei lhe fez mil gentilezas, e como os belos trajes que acabavam de lhe dar realçavam sua boa aparência (pois era belo e bem apessoado), a filha do Rei o achou muito de seu agrado, e bastou que o Marquês de Carabás lhe lançasse dois ou três olhares muito respeitosos e um pouco ternos, para que se apaixonasse perdidamente por ele. O Rei quis que ele entrasse na carruagem e participasse do passeio.

O Gato, encantado por ver que seu plano começava a dar certo, tornou a dianteira, e encontrando camponeses que ceifavam um campo, disse-lhes:

– Boa gente que está ceifando, se vocês não disserem ao Rei que o campo que estão ceifando pertence ao senhor Marquês de Carabás, vão virar picadinho que nem carne de patê.

O Rei não deixou de perguntar aos ceifadores de quem era o campo que ceifavam.

– Do senhor Marquês de Carabás – disseram todos juntos, amedrontados com a ameaça do gato.

– O senhor tem aí uma bela herança – disse o Rei ao Marquês de Carabás.

– Veja, Majestade – respondeu o Marquês – é um campo que não deixa de render com abundância todos os anos.

Mestre Gato, que continuava à frente, encontrou trabalhadores da colheita e lhe disse:

– Boa gente que está colhendo, se vocês não disserem que este trigal pertence ao senhor Marquês da Carabás, vão virar picadinho que nem carne de patê.

O Rei, que passou momentos depois, quis saber a quem pertenciam todos os trigos que via.

– Ao senhor Marquês de Carabás – responderam os que colhiam – e o Rei mais uma vez rejubilou-se com o Marquês.

O Gato, que ia adiante da carruagem, dizia sempre a mesma coisa a todos que encontrava; e o Rei estava admirado com os muitos bens do senhor Marquês de Carabás. O Mestre Gato chegou, enfim, a um belo castelo cujo dono era um ogro, o mais rico que já se viu, pois todas as terras por onde o Rei tinha passado dependiam daquele castelo.

O Gato, que tivera o cuidado de se informar quem era esse ogro e o que sabia fazer, pediu para falar com ele, dizendo que não quisera passar tão perto de seu castelo sem ter a honra de lhe prestar reverência.

O ogro o recebeu com toda a cortesia possível a um ogro e o fez repousar.

– Garantiram-me – disse o Gato – que o senhor tinha o dom de se transformar em toda a espécie de animal, que podia, por exemplo, se transformar em leão ou elefante?

– Verdade – respondeu o ogro bruscamente –, e para lhe mostrar, vou me transformar em um leão.

O gato ficou tão apavorado ao ver o leão na sua frente, que em seguida saltou para as calhas, não sem dificuldade e perigo, por causa das botas que de nada valiam para andar sobre telhas.

Depois de algum tempo o Gato, vendo que o ogro deixara sua primeira forma, desceu e confessou que tinha morrido de medo.

– Garantiram-me igualmente – disse o Gato –, mas não consegui acreditar, que o senhor também teria o poder de tomar a forma dos menores animaizinhos, como por exemplo, um rato, um camundongo; confesso que considero isso completamente impossível.

– Impossível? – retrucou o ogro. – Você vai ver! – E instantaneamente se transformou num camundongo que se pôs a correr pelo assoalho.

O Gato mal o avistou, atirou-se em cima dele e o comeu.

Entretanto, o Rei, que ao passar viu o belo castelo do ogro, quis entrar. O gato, que ouviu o barulho da carruagem passando pela ponte levadiça, correu ao encontro do Rei e lhe disse:

– Vossa Majestade seja bem-vindo ao castelo do senhor Marquês de Carabás.

– Mas como, senhor Marquês? – exclamou o Rei. – Este castelo também é seu! Não há nada mais bonito que este pátio e todas estas construções que o rodeiam: vamos ver o interior, por favor.

O Marquês deu a mão à jovem princesa e, seguindo o Rei que subia na frente, entraram em um grande salão onde encontraram um magnífico lanche que o ogro mandara preparar para seus amigos que deveriam visitá-lo naquele mesmo dia, mas não se atreveram a entrar, sabendo que o Rei estava lá.

O Rei, encantado com as boas qualidades do senhor Marquês de Carabás, assim como sua filha, que estava louca por ele, e vendo os muitos bens que possuía, disse-lhe, após ter bebido uns cinco ou seis copos:

Dependerá somente do senhor, Marquês, tornar-se meu genro.

O Marquês, fazendo profundas reverências, aceitou a honra que lhe dava o Rei; e no mesmo dia desposou a princesa.

O Gato se tornou um grande senhor, nunca mais perseguiu camundongos, a não ser para se divertir.

2
O mundo dos contos de fada

Os contos de fada, em seus primórdios, destinavam-se predominantemente à população adulta. Somente a partir do Iluminismo, com a desvalorização do irracional e a supervalorização do racional, os contos de fada foram perdendo espaço entre os adultos, sendo encarados como absurdas histórias de velhinhas. Atualmente, são destinados quase que exclusivamente às crianças.[5]

Marie-Louise von Franz, em *A interpretação dos contos de fada*,[6] afirma que pelo estudo dos contos de fada é possível

[5] FRANZ, Marie-Louise von. O feminino nos contos de fada, p. 11. Em: *A interpretação dos contos de fada*, pp. 173-174.

[6] FRANZ, Marie-Louise von. *A interpretação dos contos de fada*, pp. 9 e 34.

conhecer as estruturas da psique humana, pois eles contêm material cultural consciente menos específico. Assim, é de fundamental importância o estudo dos contos de fada, pois eles descrevem a base humana universal. Quando interpretamos um conto de fada, estudamos a estrutura psíquica em sua forma mais original, sem contaminação de conteúdos do inconsciente pessoal – o qual é diferente para cada pessoa. É por isso que os contos de fada são universais: estabelecem contato com os conteúdos arquetípicos presentes em todos os seres humanos, justamente por pertencer ao inconsciente coletivo.[7] Sobre isso von Franz disse:

> *[...] Contos de fada são a expressão mais pura e mais simples dos processos psíquicos do inconsciente coletivo [...].*[8]

A abordagem junguiana trabalha principalmente com os símbolos (expressões do inconsciente pessoal e coletivo) e com os arquétipos (imagens primordiais presentes no inconsciente coletivo). O estudo dos contos de fada permite a compreensão de como os arquétipos se expressam em nossas vidas sem a interferência do inconsciente pessoal, como no caso dos sonhos, em que

---

[7] O inconsciente coletivo contém as experiências humanas já vividas pela Humanidade em todos os tempos. Não há conteúdos pessoais, como memórias das experiências pessoais, que por algum motivo deixaram de estar na consciência (JUNG, Carl Gustav. *Psicologia do inconsciente*).

[8] FRANZ, Marie-Louise von. *O feminino nos contos de fadas*, pp. 9-11.

há conteúdos do inconsciente pessoal (memórias da experiência do indivíduo e aqueles conteúdos reprimidos). Por outro lado, o conteúdo dos contos de fada possibilita conhecer um pouco mais dos arquétipos e do inconsciente coletivo, bem como sua importância em nossas vidas, pois sempre há pelo menos um arquétipo constelado regendo nossas vidas. Conhecê-los significa conhecer a si mesmo.[9]

Com base na afirmação de von Franz[10] – que é possível conhecer as estruturas psíquicas por meio dos contos de fada –, pretendo analisar, segundo a compreensão junguiana, os arquétipos presentes em *O Gato de Botas*. Mais especificamente, meu foco é investigar de que modo o elemento feminino, representado pelo personagem felino, tem a função de auxiliar o desenvolvimento da psique masculina presente no conto e de que forma o elemento feminino pode auxiliar a psique feminina.

Os registros apontam que o conto de fada *O Gato de Botas*, de Charles Perrault, foi publicado pela primeira vez em 1697. Perrault (1628-1703) viveu na França, no final do período absolutista, caracterizado por pobreza, guerras, violência e perseguição religiosa. Lembre-se de que, nesse período, a mulher ocupava uma posição social com grandes restrições.[11] O conto de fada

---

9 JUNG, Carl Gustav. *A energia psíquica*. WHITMONT, Edward. *A busca do símbolo*. FRANZ, Marie-Louise von. *A interpretação dos contos de fada*, pp. 9-11.

10 FRANZ, Marie-Louise von. *A interpretação dos contos de fada*, pp. 9 e 34.

11 PERRAULT, Vide Charles. *Contos da mamãe gansa*. MENDES, Mariza. *Em busca dos contos perdidos: o significado nos contos de Perrault*.

retrata essa atmosfera existente no inconsciente coletivo daquela cultura, por meio da personagem do Gato, que auxilia seu dono a conquistar riquezas. Antes de interpretá-lo à luz das ideias junguianas, é útil fazermos uma revisão de pontos fundamentais da Psicologia Analítica Junguiana, na seção a seguir.

3
Entendendo a Psicologia Analítica Junguiana

Considero importante apresentar a Psicologia Analítica Junguiana para o leitor iniciante. Para isso, nada melhor que situá-lo sobre a construção da teoria e conceitos fundamentais para a compreensão desse conto de fada. Por isso, cabe aqui sucintamente descrever a trajetória de Carl Gustav Jung. Psiquiatra, iniciou seus estudos e práticas com a Psicologia Experimental, por volta de 1900, e a psicanálise, em 1906, quando conviveu com Freud. Por divergências pessoais e teóricas, rompeu com a psicanálise e desenvolveu a Psicologia Analítica Junguiana. Da Psicanálise Freudiana, Jung apenas manteve o conceito de transferência, que ele próprio contribuiu para formular. Em 1912, Jung escreveu sobre conceitos como inconsciente coletivo, arquétipo, complexo e sombra. Assim, delineou e marcou as diferenças da sua psicologia.[12]

Estudos e viagens proporcionaram contato com outras culturas como africanas, indígenas e orientais, entre elas a indiana. Esse acesso a culturas, tão diferentes da sua, possibilitou a consolidação de sua teoria. Entretanto, a principal influência de Jung é a alquimia. Os últimos trinta anos de estudos de Jung foram dedicados à alquimia, na qual ele revisitou seus conceitos e pôde ampliar e confirmar sua teoria, pois a alquimia é o início da psicologia profunda e uma metáfora do processo de individuação.[13]

A Psicologia Analítica Junguiana possui como principais conceitos de sustentação: o inconsciente pessoal (contendo memórias de experiência pessoal, reprimidas) e o inconsciente coletivo (memórias da experiência da humanidade); os arquétipos (pertencentes ao inconsciente coletivo, imagens originárias); *anima* (imagem da mulher no homem); ânimus (imagem do homem na mulher); sombra (como conteúdo reprimido, negligenciado); complexos (grupo de imagens ou de arquétipos) e processo de individuação. É importante lembrar que Jung construiu sua teoria com base na bipolaridade de opostos – semelhante ao conceito de opostos de *yin* e *yang* –, na qual sempre haverá dois extremos. Portanto, essa bipolaridade está presente em diversos

[12] JUNG, Carl Gustav. *A natureza da psique*; *Psicologia do inconsciente*; *A energia psíquica*.

[13] Processo de individuação é a busca do indivíduo de sair da coletividade para se tornar quem realmente é (JUNG, Carl Gustav. *O eu e o inconsciente*).

aspectos, na natureza e no homem: bem e mal, feminino e masculino, dia e noite, frio e calor, luz e escuridão, sempre indo de um polo a outro. Exemplos da bipolaridade na psicologia são: *anima* e ânimus; *persona* e sombra; inconsciente pessoal e inconsciente coletivo etc.[14]

Depois de um panorama geral da Psicologia Analítica Junguiana, apresento um esquema para auxiliar a apreensão dos conceitos. Na sequência, descrevo os conceitos importantes para a compreensão do conto de fada.

Consciência	Ego	Função superior Funções auxiliares
Inconsciente pessoal		Complexos Sombra pessoal Função inferior
Inconsciente coletivo	Self	Arquétipos Sombra coletiva

[14] RUBY, Paulo. *As faces do humano.*

O *self ou* "si mesmo" é o arquétipo central do inconsciente coletivo que coordena o desenvolvimento por meio de outros arquétipos. Podemos dizer que o *self* é o "rei" de nossas vidas, é ele que sabe o que precisamos, e a todo tempo ele busca ser atendido de uma maneira ou de outra (como doenças, acidentes, contato com a natureza, arte...). O *self* é também responsável pelos impulsos que propiciam a totalidade, ou ainda, pode-se dizer que o *self* é a imagem de Deus. Se por analogia, o *self* é o "rei", então o ego é o "porteiro", isto é, pensa que tem o poder de barrar, de controlar, de que pode tudo, mas na verdade o ego está a serviço do *self*.[15]

No entanto, o *ego* nasce a partir do *self*. O ego é o centro da consciência, organiza as percepções externas e internas, e, de certa forma, seleciona o que permanece na consciência e o que parte gradualmente para o inconsciente. É o ego que prioriza os conteúdos da consciência e desloca a energia psíquica necessária para a realização de suas escolhas, como por exemplo, sentar e ler um livro. Em suma, o ego é o "eu". Eu gosto, eu faço, eu preciso, eu sei, eu quero...[16]

Jung[17] observou que existem dois tipos de inconscientes: o coletivo e o pessoal. O *inconsciente pessoal* é aquele que contém

---

[15] JUNG, Carl Gustav. *A vida simbólica*. EDINGER, Edward. *Ego e arquétipo: uma síntese fascinante dos conceitos psicológicos fundamentais de Jung*. RUBY, Paulo. *As faces do humano*. WHITMONT, Edward. *A busca do símbolo: conceitos básicos da Psicologia Analítica*.

[16] JUNG, Carl Gustav. *A vida simbólica*. EDINGER, Edward. *Ego e arquétipo: uma síntese fascinante dos conceitos psicológicos fundamentais de Jung*.

[17] JUNG, Carl Gustav. *Psicologia do inconsciente; O eu e o inconsciente*.

lembranças das experiências pessoais e conteúdos que ainda não se fizeram conscientes ou que em algum momento, mesmo que breve, se tornaram conscientes, mas o ego reprimiu esse conteúdo mandando para o inconsciente. Difere, portanto, do que ele denominou de *inconsciente coletivo*, que compreende os conteúdos universais pertencentes à humanidade, ou seja, tudo aquilo que foi vivido pela espécie humana; sendo assim, podem ser encontrados em qualquer lugar do mundo, por intermédio de sonhos, mitos, artes. E é nesse mar imenso do inconsciente coletivo que habitam os arquétipos, conceito fundamental que vai nos acompanhar durante todo o livro.

A nossa psique[18] é formada por imagens primordiais, os chamados *arquétipos*, que têm como melhor definição "imagens humanas universais e originárias". Essas imagens pertencem ao inconsciente coletivo e são manifestadas por meio de imagens simbólicas. Não é possível determinar quantos arquétipos existem nem tampouco qual sua origem, muito menos conhecê-los totalmente. Porém, eles se repetem em qualquer contexto cultural e época, justamente por pertencerem ao inconsciente coletivo.

Talvez um dos conceitos mais conhecidos de Jung seja o *arquétipo*. Os arquétipos são expressos nos sonhos, nos mitos e nos contos de fada. Tanto os mitos quanto os contos de fada são formas

[18] Nossa psique é constituída por inconsciente e consciente, e pela interação entre eles. Quando há desequilíbrio, uma das formas que a psique utiliza para se equilibrar é a *função compensatória*, isto é, atividade do inconsciente na tentativa de estabelecer equilíbrio e evitar a unilateralização por parte da consciência (JUNG, Carl Gustav. *A natureza da psique* e *A vida simbólica*).

de anunciação específica, passadas de geração a geração. A manifestação dos arquétipos nos sonhos é mais individual e incompreensível do que nos mitos e contos de fada. Isso porque o arquétipo representa necessariamente um conteúdo inconsciente, que ao ser conscientizado sofre modificações e adquire novas formas, de acordo com a consciência de quem o conscientiza (de quem sonhou). Nos contos de fada, a manifestação dos arquétipos ocorre de forma mais pura, sem ter passado pela conscientização no coletivo e, por isso, mais perceptível no "esqueleto" da psique humana.[19]

Jung[20] diferencia a forma de expressão dos arquétipos nos mitos e os contos de fada. Para ele os arquétipos aparecem nos mitos de forma mais clara, em um sentido ordenado, diferente do que ocorre nos contos de fada, que, por sua vez, estão envoltos em um contexto no qual há sequências de imagens às vezes incompreensíveis, até mesmo delirantes. E se observarmos os sonhos, percebemos que os arquétipos são manifestações involuntárias de processos do inconsciente.

É importante salientar que os deuses da mitologia são considerados arquétipos e possuem concomitantemente aspectos psíquicos expressos em imagens e aspectos instintivos. Podemos ligar cada um dos deuses a um campo do biológico instintivo. Aqui, os deuses são aspectos psíquicos do biológico instintivo, e todo dinamismo

[19] JUNG, Carl Gustav. *O eu e o inconsciente.*

[20] JUNG, Carl Gustav. *Os arquétipos e o inconsciente coletivo.*

instintual corresponde a uma imagem e a um comportamento específico. Como exemplo, pode-se citar o arquétipo da Grande-Mãe (que tem como base instintual a maternidade) e os aspectos psíquicos da deusa Deméter, que vem a ser materna, a mãe da terra ou Terra-Mãe (comportamento específico e imagem). É necessário apontar, entre tantos outros, dois arquétipos importantes, a *anima* no homem e o ânimus na mulher.[21] Desenvolverei mais o conceito de anima, que será nosso objeto de estudo.[22]

A *anima* é o tema arquetípico, isto é, o arquétipo que se apresenta em *O Gato de Botas*, com fundamental importância para sua compreensão. Von Franz define a *anima* como a imagem da mulher no homem, ou seja, são características psicológicas intrínsecas femininas na psique masculina. A ação da *anima* no homem se dá por meio de:

> *[...] humores e sentimentos instáveis, as intuições proféticas, a receptividade ao irracional, a capacidade de amar, a sensibilidade à natureza e... o relacionamento com o inconsciente [...].*[23]

---

21 FRANZ, Marie-Louise von. *O feminino nos contos de fadas*, p. 92. BRANDÃO, Junito. *Dicionário mítico-etimológico da mitologia grega.*

22 Essa é a forma com que a Psicologia Analítica da escola clássica aborda ânimus e *anima*. Há outras escolas, a desenvolvimentista e a arquetípica, onde a última entende de uma forma diferente (YOUNG-EINSENDRATH, Polly; DAWSON, Terence. *Manual de Cambridge para estudos junguianos*).

23 FRANZ, Marie-Louise von. *O homem e seus símbolos*, p. 177.

A *anima* de um homem será moldada, muitas vezes, pela imagem de sua mãe. Esse processo pode ter aspectos positivos e negativos em sua vida. A *anima* pode expressar-se de maneira insegura e depressiva, podendo então provocar no sujeito doenças, medos e apatia. Ou ainda, a *anima* poderá ter efeito sobre a vida desse homem por meio de excesso de sentimentalismo e sensibilidade extremada, a ponto de ter dificuldades de se relacionar, ou manter relações com mulheres. Mas a *anima* também tem excelentes aspectos positivos. Um deles é auxiliar o homem, na forma de um guia do mundo interior. Por exemplo, quando o homem precisa tomar uma decisão e está com dificuldades, a *anima* age e mostra a ele o que está obscuro em seu inconsciente, fazendo a mediação entre o ego e o *self*, e, dessa forma, mostra o caminho. Outra função positiva da *anima* é ajudar na escolha da esposa certa para aquele homem, projetando na "candidata" suas próprias características. Por fim, a *anima* tem a importante função de propiciar o contato com a espiritualidade, pois o homem com suas características racionais tem dificuldade de contatar os aspectos escondidos em seu inconsciente, e a *anima* entra como facilitadora desse processo de aprofundamento interior.[24]

É com ajuda da *anima* que o homem descobre sua própria feminilidade interior, sua espiritualidade. Isso ocorre tanto em função da experiência arquetípica, quanto da vivência pessoal que

[24] FRANZ, Marie-Louise von. *O homem e seus símbolos*, pp. 105-106, 178-180.

ele tem do feminino. Por isso, encontramos em mitos, contos de fada e nas artes, representações da *anima* como fonte de experiência arquetípica genuína do feminino, e essas não são somente projeções masculinas sobre a mulher, pois não tem o caráter pessoal, e sim arquetípico.[25]

Por outro lado, o ânimus é um arquétipo que corresponde à imagem do homem na mulher. Ou seja, é a personificação de todas as tendências psicológicas masculinas na psique da mulher, por exemplo: a racionalidade, a capacidade de julgamento, a agressividade, "o lutar e caçar", a relação com o trabalho... Da mesma forma que a *anima*, o ânimus é determinado pela influência do pai em uma mulher. Os aspectos negativos do ânimus são manifestados por meio de agressividade, indiferença, ideias obstinadas e más, conversas com pouco conteúdo e opiniões absolutas e rígidas. Os aspectos positivos do ânimus, assim como da *anima*, são de condutor do *self*, manifestados por meio de iniciativa, coragem, honestidade e, em um grau mais evoluído, a profundidade espiritual. Como já explicitado, *anima* e ânimus são arquétipos. No entanto, cada arquétipo pode se tornar o núcleo de um determinado complexo.[26]

Os *complexos* são formados por grupos de ideias ou imagens da psique, derivados de um ou mais arquétipos. No entanto, o complexo pode ser constelado, isto é, quando ocorre um processo

25 NEUMANN, Erich. *A grande mãe.*

26 FRANZ, Marie-Louise von. *O homem e seus símbolos*, pp. 89, 91, 93-94.

psíquico de aglutinação de determinados conteúdos decorrentes de um evento exterior. Como se fosse uma superenergização de determinado arquétipo. Esses conteúdos constelados possuem uma energia psíquica específica que envolve determinado complexo. Os complexos adquirem independência; por isso, Jung frisa que nós não temos complexos, mas são os complexos que nos têm. Quando constelados, superam as intenções conscientes e por meio de rupturas (por algum tempo) assumem o controle, na forma de pensamentos e comportamentos obsessivos e compulsivos. Entre alguns dos complexos mais frequentes estão: o materno, o herói, a vítima, o paterno, o sábio, de poder...[27]

Outro conceito interessante é a chamada *persona,* que significa máscara. É como se fosse uma máscara que o indivíduo molda, a partir da psique coletiva, com o objetivo de ajustamento na sociedade para afirmar perante ela e a si, "o que ela parece ser" ou aquilo que avalia como a melhor maneira de "ser" para a sociedade e de maneira inconsciente utiliza essa máscara. Se há uma *persona* moldada para o exterior, há outra polaridade, a interior, que é a sombra.[28] Segundo Bly,[29] a *sombra* se aproxima do que Freud chamou de conteúdo reprimido. Mas Jung[30] identifica a sombra não simplesmente como conteúdo reprimido, mas como

[27] JUNG, Carl Gustav. *A natureza da psique.*

[28] JUNG, Carl Gustav. *O eu e o inconsciente.*

[29] BLY, Robert. *A comprida sacola que arrastamos atrás de nós.*

[30] JUNG, Carl Gustav. *Os arquétipos e o inconsciente coletivo.*

uma personalidade inferior, que tem seus próprios conteúdos, como ideias e julgamentos baseados na oposição de sua persona. Para von Franz,[31] a sombra é tudo aquilo que a compõe, mas que ela desconhece e não reconhece em si mesma. Ela é expressa em forma de acúmulo de emoções e julgamentos.

Portanto, a *sombra* pode ter aspectos positivos e negativos; é o contrário da *persona*, mas vai além disso, pois pertence tanto ao campo individual (sombra pessoal), quanto ao inconsciente coletivo (sombra do coletivo); são conteúdos não conscientizados pelo ego. O ego, para lidar com a sombra, utiliza-se da projeção, que é um recurso que o inconsciente emprega para se fazer consciente. A pessoa, ao reconhecer que existe a sombra, pode a partir daí fazer o processo de integração dos opostos e trilhar o caminho ao processo de individuação. Todos aqueles conteúdos negligenciados, reprimidos e negados estão na sombra. Até mesmo arquétipos importantes como a *anima* ou o ânimus podem estar na sombra; é fundamental olhar para a sombra e integrá-la à consciência para fazer o processo de individuação. Além disso, a *anima* pode estar associada às funções inferiores.[32]

Função inferior é aquela entre as quatro funções que Jung propõe (superior, auxiliar, segunda auxiliar e inferior) conforme

---

[31] FRANZ, Marie-Louise von. *A sombra e o mal nos contos de fada*, p. 14.

[32] JUNG, Carl Gustav. *A vida simbólica*. WHITMONT, Edward. *A busca do símbolo: conceitos básicos de psicologia*. RUBY, Paulo. *As faces do humano: estudos de tipologia junguiana e psicossomática*. BLY, Robert. *A comprida sacola que arrastamos atrás de nós*.

o grau de desenvolvimento e que compõe os tipos psicológicos.[33] A função inferior pertence ao inconsciente, ou como diz von Franz "sempre faz a ponte para o inconsciente", isto é, por meio da função inferior é que os conteúdos do inconsciente surgem como a sombra e os complexos. A função inferior se mostra naquelas situações em que ficamos ofendidos, inadaptados... Justamente por não termos trabalhado ela o suficiente. É esperado que ao longo da vida possamos desenvolver a função inferior, pois esse é um caminho importante dentro do processo de individuação.[34]

O *processo de individuação* tem como finalidade o desenvolvimento da personalidade individual, como um ser distinto do conjunto, do coletivo. Constitui-se um alargamento da esfera da consciência, da vida psicológica e consciente. Individuar é "tornar-se si mesmo", alcançar os potenciais próprios de cada um. É um processo de evolução, de descoberta de quem somos. Por meio da interação com o outro e com o meio, é que se viabiliza o processo de

---

[33] Os tipos psicológicos são organizados conforme a seguinte combinação: *atitude*, em que a energia psíquica está voltada para dentro, chamado de introversão, ou para fora, chamado de extroversão, é por meio de uma, entre as duas formas, que podemos nos relacionar com o mundo; *funções:* sempre em dois polos opostos – pensamento/sentimento e sensação/intuição. Quando, por exemplo, o sentimento é mais desenvolvido, esse possui como função superior o sentimento, portanto, sua função inferior é o pensamento e as auxiliares são sensação e intuição que se organizam conforme o grau de desenvolvimento de cada uma. Caracterização das funções: *pensamento*: relacionar, buscar uma lógica; *sentimento*: valores e não por emoções; *intuição*: "um sentimento de saber por onde ir", sem se basear em conhecimentos conscientes; *sensação*: percepção através dos sentidos (JUNG, Carl Gustav. *Tipos psicológicos).*

[34] FRANZ, Marie-Louise von. *A tipologia de Jung*, pp. 18-19, 22, 84, 100.

individuação. Portanto, o processo de individuação é resultante da interação do indivíduo com o coletivo, o sociocultural.[35]

Outro conceito fundamental da Psicologia Junguiana e para a compreensão dos contos de fada é o *símbolo*. Jung define o símbolo como:

> *[...] a melhor designação ou fórmula possível, de um fato relativamente desconhecido, mas cuja existência é conhecida ou postulada [...].*[36]

Portanto, o símbolo não é uma nomeação, nem uma convenção relacionada a um objeto específico, como são os signos verbais ou matemáticos, mas sim a expressão de uma experiência livre que aponta a um significado não racional.

Isso é importantíssimo, pois o símbolo é um mecanismo psicológico transformador: funciona como mediador entre o inconsciente e o consciente. Jung, em *Psicologia e alquimia*, diz que o símbolo não se resume a ser racional ou irracional, abstrato ou concreto, real ou irreal, mas ser ao mesmo tempo as duas polaridades. E isso proporciona a capacidade do símbolo de trazer à consciência o desconhecido, o inconsciente. Por isso, o símbolo possui a capacidade de transformar energia psíquica, com uma

[35] JUNG, Carl Gustav. *A natureza da psique; Tipos psicológicos.*

[36] JUNG, Carl Gustav. *Tipos psicológicos.*

gigante capacidade curativa e restauradora.[37] Assim, o símbolo está presente nos sonhos, nos mitos e nos contos de fada. Ao se analisar um conto de fada, o símbolo revela e enfatiza os traços e as características que norteiam o conto.

Quero antecipar aqui o símbolo do nosso conto de fada, o Gato, e relacioná-lo com a mitologia egípcia e mostrar como o símbolo pode estar presente. Bastet, a maior de todas as deusas, é considerada filha de Ísis e Osíris. Bastet é a forma amigável de outra deusa, a deusa-leoa Sekmet. E a figura de Bastet é representada com a cabeça da leoa na mão, para lembrar que ela também pode tornar-se a leoa que cospe fogo. Suas atribuições arquetípicas são positivas: fertilidade e música.[38] Portanto, esse símbolo do gato era mobilizador e significativo para as pessoas daquela cultura e época,[39] que se relacionavam com esse símbolo – deusa do feminino. Isso era transformador para essas pessoas e continua sendo transformador para aqueles que são tocados por esse símbolo.

---

[37] JUNG, Carl Gustav. *A energia psíquica; Psicologia e alquimia*. JACOBI, Jolande. *Complexo, arquétipo, símbolo: na psicologia de C. G. Jung*.

[38] NEUMANN, Erich. *A grande mãe*. FRANZ, Marie-Louise von. *O gato: um conto da redenção do feminino*, p. 69. SILVEIRA, Nise da. *Gatos, a emoção de lidar*.

[39] Referente ao período do antigo Egito, em que se reverenciava a deusa Bastet em rituais de oferendas e templos como o de Budapeste (FRANZ, Marie-Louise von. *O gato: um conto da redenção feminina*). Em 2010, escavações encontraram mais um templo de culto a Bastet em uma região, Alexandria, que até então se acreditava não ser de culto à deusa gato, e indica que o culto foi além do antigo Egito <www.estadao.com.br>. Acesso em: 19 de janeiro de 2010).

Bastet – Museu Britânico

3.1 – Os contos de fada e a Psicologia Analítica Junguiana

O estudo dos contos de fada para a Psicologia Analítica Junguiana é de fundamental importância, pois além de se conhecer a psique em sua forma mais original, sem contaminação com o inconsciente pessoal, ele permite o aprimoramento para a prática clínica (reconhecimento da ação dos mecanismos da psique – arquétipos, complexos, sombra...) e é semelhante, enquanto estrutura, à interpretação dos sonhos.[40]

O uso dos contos de fada como instrumentos terapêuticos nas sessões de psicoterapia (assim como a mitologia) são tão importantes quanto seu estudo teórico. Pois, os contos de fada oportunizam o contato com os conteúdos arquetípicos constelados em cada paciente e trabalham os aspectos desses respectivos arquétipos até que o paciente perceba (conscientize-se) o quanto sua vida está movida por esse tema e aprenda a se relacionar com ele. Nesse momento poderá ocorrer o que Jung chamou de cura, isto é, transformação, isso acontece quando se integra conteúdos inconscientes à consciência e assim caminha-se em direção do processo de individuação, de tornar-se quem realmente é. Um exemplo disso é quando um paciente traz um sonho que mostra um determinado arquétipo constelado, ou ainda, quando

[40] FRANZ, Marie-Louise von. *A interpretação dos contos de fada*, pp. 9, 24-26.

a vida do paciente é movida fortemente ou exclusivamente por um arquétipo, por exemplo, a Grande-Mãe e assim age como uma "super" mãe de todos: cônjuge, amigos, filhos, familiares, colegas de trabalho... O que é prejudicial, pois devemos "utilizar" diferentes arquétipos e não um único. O psicoterapeuta, ao identificar esse arquétipo, propõe ao paciente a leitura de um conto de fada ou mito que possui o mesmo tema arquetípico para oportunizar ao paciente a se relacionar e trazer à consciência esses aspectos, e ainda podem ser associados a outras formas de trabalho como a *caixa-de-areia*[41] e as técnicas expressivas (pintura, desenho, argila...), e assim integrar o que antes estava no inconsciente e agora, já elaborado, passa para o consciente. Após essa etapa da psicoterapia, o psicoterapeuta deverá promover o contato com outros arquétipos, por meio de outros contos de fada ou mitos, e assim contestá-los e trabalhar da mesma forma para propiciar uma vida psíquica rica, e, sempre com o objetivo final de trabalhar o processo de individuação. Em outras palavras, viabilizar processos curativos e buscar a "essência" de quem se realmente é, e poder ser.[42]

Os contos de fada são expressões do inconsciente coletivo e têm uma característica importante, que é de elucidar sobre o

---

[41] Caixa-de-areia é uma técnica não verbal desenvolvida pela analista junguiana Dora Kalff, que visa à expansão da consciência e possui imenso efeito curativo (AMMANN, Ruth. *A terapia do jogo de areia: imagens que curam a alma e desenvolvem a personalidade*).

[42] FRANZ, Marie-Louise von. *A interpretação dos contos de fada,* pp. 25-26, 34-35, 37, 46-47, 54-55. JUNG, Carl Gustav. *A prática da psicoterapia; A natureza da psique.* PENHA, Eloisa M. D. *A imagem arquetípica do curador ferido no encontro analítico.*

desenrolar da *função compensatória* do inconsciente, a busca do equilíbrio como tentativa de sair de um polo extremo. Essa característica é maior nos contos de fada do que nos mitos.[43]

Quanto à origem dos contos de fada, von Franz[44] afirma que eles derivam dos mitos, produtos culturais do inconsciente coletivo. Alguns mitos podem desaparecer e permanecer por meio dos contos de fada. E, por constituírem linguagem universal, podem migrar de país a país, independentemente da cultura e da idade do público. No entanto, os mitos expressam caráter psicológico do contexto cultural em que surgiram e onde permanecem vivos.

Há várias teorias que tentam explicar a origem dos contos de fada. Uma delas é de que as histórias de sagas locais e contos folclóricos sempre se degeneram. Outra é que os contos de fada são abstrações de uma saga local. Mas von Franz[45] trabalha de uma forma diferente: para ela a hipótese mais próxima da origem dos contos de fada está em uma experiência arquetípica, como um sonho, uma alucinação em estado de vigília ou ainda uma experiência parapsicológica. Esse elemento arquetípico oriundo do inconsciente coletivo, ao ser relatado a outras pessoas que recontam a "história", sofre interferência e ganha nova forma. Aqui, já não mais como "história" de um sonho ou alucinação, mas como saga local (e perde o conteúdo pessoal, no caso de um sonho). À medida que passa

---

[43] FRANZ, Marie-Louise von. *O feminino nos contos de fadas,* p. 21.

[44] FRANZ, Marie-Louise von. *A interpretação dos contos de fada,* pp. 32-33, 35.

[45] FRANZ, Marie-Louise von. *A interpretação dos contos de fada,* pp. 30-31, 33, 37.

a incorporar novas representações arquetípicas do mesmo tema, progressivamente se torna um conto de fada. Ou ainda é possível que alguns contos de fada sejam mitos degenerados, isto é, mitos decaem juntamente com a civilização à qual pertencem, e os temas daquele mito podem sobreviver como temas de contos de fada, na mesma cultura ou ainda migrar para outras culturas.[46]

Segundo von Franz,[47] os contos de fada proporcionam a expressão dos conteúdos inconscientes quando a mentalidade coletiva não consegue fazer isso diretamente por meio da linguagem. Ao sonhar com um conteúdo arquetípico presente em um mito que não pertence à sua cultura, o sonhador relatará a alguém o sonho e designará esse arquétipo com um nome estranho qualquer. É também por meio dessa espontaneidade que os sonhos expressam as figuras dos mitos e dos contos de fada. Como os contos de fada têm origem no sonho, o ato de nomear uma personagem do sonho repercute nos nomes dados às personagens dos contos de fada, que muitas vezes são esquisitos.

Por fim, vale citar uma comparação feita por von Franz[48] que para mim faz muito sentido. Ela compara os contos de fada com o mar, e as sagas e os mitos com as ondas. A partir das ondas do mar, surgem os mitos, que ao mergulhar novamente no fundo

---

46 Lembrando que os mitos são produções culturais, pertencentes à cultura em que nascem (FRANZ, Marie-Louise von. *A interpretação dos contos de fada*, pp. 33-34).

47 FRANZ, Marie-Louise von. *O feminino nos contos de fada*, pp. 20-21.

48 FRANZ, Marie-Louise von. *A interpretação dos contos de fada*, p. 33.

do mar, se transformam em contos de fada. Aqui, o mar está como símbolo do inconsciente coletivo e do que há de mais profundo. Portanto, os contos de fada são os reflexos dos traços humanos mais gerais, e assim possibilita a característica de migração de cultura dos contos de fada, bem como a reação/sentimento/sensação de "fazer sentido", de tocar de alguma maneira qualquer pessoa de qualquer lugar do mundo.

Para a interpretação do conto *O Gato de Botas* de Charles Perrault, utilizo o método sugerido por Marie-Louise von Franz no livro *A interpretação dos contos de fada*,[49] uma adaptação do método de interpretação dos sonhos proposto por Carl Gustav Jung. São vários os pontos que podem ser explorados pelo método de von Franz, especialmente os simbolismos. Nesse caso, questões como o simbolismo dos números dos filhos e de personagens, bem como os símbolos do Rei e do Gato serão abordados. Assim, o primeiro aspecto recomendado é identificar a questão simbólica associada aos números, isto é, contagem de quantas pessoas aparecem no início e ao final da história. A partir desse ponto, deve-se observar a estrutura formada pelos simbolismos dos números e do papel dos símbolos presentes no conto. A seguir, é necessário que se analise o problema apontado, bem como os simbolismos das tarefas que o personagem deve cumprir, geralmente três. Outro ponto importante para a interpretação do conto de fada é a

[49] FRANZ, Marie-Louise von. *A interpretação dos contos de fada*, pp. 25-26, 48, 55, 85, 103, 105.

elaboração de um paralelo com contos similares e mitos. Por fim, é importante observar o desfecho, a etapa final do conto de fada. Entretanto, von Franz recomenda que ao interpretar um conto de fada tenha-se olhar flexível quanto ao método, ou seja, a ordem de análise pode ser alterada.

4
A interpretação do conto de fada *O Gato de Botas*

Para a análise do conto de fada, é necessário entender em que contexto histórico viveu o autor. Charles Perrault era francês, advogado, escritor e burguês. Inaugurou o gênero literário dos contos de fada (contos populares e folclóricos), no período em que a França absolutista estava em decadência, época em que o governo de Luís XIV instaurou um período de guerras, mercantilismo, pobreza, insegurança, violência religiosa. Por isso, o conto *O Gato de Botas* envolve alguns desses temas como: a pobreza, riqueza, além da questão do feminino pertinente ao inconsciente coletivo daquela cultura e período (final do século XVII).[50]

---

[50] COELHO, Nelly Novaes. *Panorama histórico da literatura infantil, juvenil.* MENDES, Mariza. *Em busca dos contos perdidos: o significado das funções femininas nos contos de Perrault).*

O conto se inicia assim:

> *Um moleiro deixou como únicos bens, para os três filhos que tinha, seu moinho, seu burro e seu gato. A partilha foi feita logo, sem que fossem chamados nem notário, nem procurador. Eles teriam logo consumido todo o pobre patrimônio. Ao mais velho tocou o moinho, ao segundo o burro e ao mais moço apenas o gato...*

A compreensão da estrutura do conto já nos aponta características simbólicas importantes referentes à análise do simbolismo dos números. Há nesse trecho elementos importantes como a quaternidade (o pai e os três filhos) e a trindade (os três filhos), o filho mais moço e a ausência da figura feminina. O elemento quaternio, ou arquétipo da quaternidade, é um padrão quádruplo e símbolo muito antigo. É encontrado em elementos básicos da experiência humana, como os quatro pontos cardeais, as quatro estações do ano, os quatros membros do corpo, os quatro pontos da cruz. Sua relação com a cruz o torna símbolo da universalidade, da plenitude e da totalidade, ou seja, esse arquétipo está relacionado ao *self*, à totalidade do ser humano.[51] O elemento trindade, ou o símbolo da tríade encontrado nos mitos, nos sonhos geralmente é expresso pela repetição do número três, como por exemplo, sonho com

[51] RUBY, Paulo. *As faces do humano.*

três homens, três cachorros, três carros. Outra tríade importante é o Pai, o Filho e o Espírito Santo, presente na Igreja Católica; além da tríade terra, céu e inferno. Isso demonstra a importância do papel do número três para o inconsciente coletivo da humanidade. Portanto, o quatérnio representa a totalidade, enquanto a Trindade é a totalidade dinâmica, isto é, estágio anterior à totalidade e preparatória a ela.[52]

Há ainda o importante simbolismo do filho mais novo, que representa a renovação, pois é ele quem renova. Paralelo a isso, pode-se atribuir ao filho mais novo a sincronia com a função inferior (aquela menos desenvolvida), pois ele é rejeitado e tem que buscar se desenvolver para não ficar na sombra. E a busca por essa renovação é justamente uma das questões abordadas pelo conto, o sair da sombra.[53]

Outro ponto importante é que em nenhum momento é citada a mãe. Portanto, é completamente ignorado o elemento feminino. Essa é uma característica que pertencia à psique coletiva na qual surgiu o conto de fadas e pertence também às culturas em que o conto ainda persiste em existir. É a partir da ausência do elemento feminino que se pode levantar a hipótese de que a nossa personagem, o filho mais novo, não está em contato com sua *anima* (imagem feminina na psique masculina), pois há uma falha na

---

[52] JUNG, Carl Gustav. *Interpretação psicológica do dogma da trindade.*

[53] FRANZ, Marie-Louise von. *A interpretação dos contos de fada*, p. 52.

estrutura, na qual apenas elementos masculinos são apresentados. Como a *anima* está sendo negligenciada, sem contato, ela passa a estar na sombra. No entanto, o filho mais novo recebe de herança um gato, justamente um símbolo do elemento feminino. Aqui é feita uma aliança entre os símbolos da renovação (filho mais novo) e o feminino (gato), o que indica uma nova relação com o elemento feminino. Essa aliança ocorre quando o filho mais novo concorda com a proposta do gato e lhe fornece a bota e o saco. E é esse gato com poderes "mágicos" – poderes de conquistar, de falar, de ser um bípede (pois pede um par de botas), da capacidade de articulação da *anima* e de mediar – que o conduzirá e auxiliará durante sua vida.

Como acontece em outros contos de fada, o animal é hábil e auxilia o homem a passar pelas dificuldades. O gato também é visto como um animal inteligente, astuto, malicioso, egoísta e infiel. Essas atitudes ambivalentes são projeções do homem sobre o gato, isto é, aquilo que o homem ainda não reconhece em si, mas assim o é.[54]

Devido à necessidade do estudo do papel do símbolo na interpretação dos contos de fada, é importante que se faça a análise do símbolo do gato, pois nesse conto de fada "a personagem principal" é o Gato. Portanto, é fundamental um aprofundamento desse elemento, referente à sua trajetória histórica e ao seu simbolismo.

---

[54] SILVEIRA, Nise da. *Gatos, a emoção de lidar.*

O gato é originário do Egito. Teve diferentes atribuições ao longo da história, desde animal sagrado até demônio. Foram precisamente os egípcios os primeiros a se relacionarem com o gato, que passaram a considerá-lo animal sagrado, atribuindo assim qualidades de poder arquetípico ao animal. A partir desse momento, na avançada civilização do antigo Egito, há cerca de 2.000 anos, surgia na mitologia egípcia a grande deusa gato Bastet. Ela foi identificada, no recente período do Egito, com a Ártemis, deusa da caça e da lua,[55] a deusa virgem da natureza, da fertilidade, a Grande-Mãe.[56]

A partir da dominação romana no Egito e do surgimento do cristianismo, a adoração às divindades egípcias quase foi extinta. A partir da Idade Média, o gato passou a ter atribuições demoníacas. Algumas pessoas acreditavam que algumas mulheres, as chamadas bruxas, tinham o poder de introduzir suas almas em gatos pretos. Nesse período houve a inquisição, quando ocorreu a caça às bruxas, e, consequentemente, aos gatos. O retorno dos gatos ao convívio significativo com os humanos somente se deu durante a peste negra, quando foram utilizados como forma de controle dos ratos.[57]

---

[55] Lua, símbolo do feminino (NEUMANN, Erich. *A grande mãe*).

[56] FRANZ, Marie-Louise von. *O gato: um conto da redenção feminina*, pp. 70,73. HOFMANN, Helga. *O gato: entendendo as necessidades e instintos do seu gato.*

[57] FRANZ, Marie-Louise von. *O gato: um conto da redenção feminina*, pp. 70-72. HOFMANN, Helga. *O gato: entendendo as necessidades e instintos do seu gato.* SILVEIRA, Nise da. *Gatos, a emoção de lidar.*

Para von Franz,[58] o gato está relacionado à consciência e a todos os processos criativos. Pelo fato de ter visão no escuro, associa-se a ele o poder de vidente, de intuição, mas negativamente também é associado ao seu olhar a força da fascinação, pois pode paralisar sua vítima. O gato também é relacionado à independência, à liberdade e ao fato de ser protetor. Entretanto, também é visto como amaldiçoado e feiticeiro. Esses aspectos dão ao gato a conotação de ambivalência entre bondade e maldade.

Além desses aspectos de bipolaridades, o gato tem outra característica, o de ser intermediário entre as polaridades (bem e mal), isto é, o gato como meio. O gato sempre foi associado à proteção da vida, pelos seus conhecimentos do bem e do mal. Isso está presente na crença gnóstica de que um gato protegia a árvore da vida no Jardim do Éden. Na mitologia egípcia, o gato solar[59] estava associado à árvore do gênero *Persea* (Árvore da vida). Essa atribuição caracteriza o gato como aspecto de mediador, pois ele é a ponte entre bem e mal, entre vida exterior e interior, entre deuses e homem. Por suas características de ver além, intuir, de percorrer entre o bem e o mal, o gato pode nos mostrar o caminho, o equilíbrio.[60]

---

[58] FRANZ, Marie-Louise von. *O gato: um conto da redenção feminina*, p. 71.

[59] Gato solar: da mitologia egípcia, herói que enfrenta o demônio (FRANZ, Marie-Louise von. Em: *O gato: um conto da redenção do feminino*).

[60] FRANZ, Marie-Louise von. *O gato: um conto da redenção feminina*, p. 72.

> *[...] como consciência, o gato é uma entidade psíquica que conhece o caminho, desde que aprendamos a confiar nele, respeitando-o, obedecendo-o, e seguindo-o para onde quer que ele vá [....].*[61]

Outro fator que merece atenção é o fato de o gato ser representado pelo sexo masculino. Por isso, ele é associado ao sol e, consequentemente, ao gato solar e a Mercúrio. O gato solar, ou Sol-gato na mitologia egípcia, lutava à noite contra Apófis, a serpente das trevas, sendo considerado assim o herói que enfrenta o demônio. No livro *O Gato: um conto da redenção feminina*, von Franz[62] cita rapidamente *O Gato de Botas* e atribui a ele qualidades mercuriais e de guia da alma. Qualidade mercurial é sinônimo do personagem mítico de Hermes, que é um deus alquímico. Hermes será abordado amplamente mais adiante, por apresentar ligação direta com esse conto de fada, mas cabe aqui fazer uma brevíssima explanação sobre a alquimia e Hermes/Mercúrio.

A alquimia é uma metáfora do processo de individuação, do tornar-se si mesmo. O ideal alquimista está em buscar a redenção espiritual, paralelo à "pedra filosofal", que representa a materialização da energia e a purificação da alma. Os alquimistas seguem a Tábula de Esmeralda, cuja inscrição é atribuída a Hermes;

---

[61] FRANZ, Marie-Louise von. *O gato: um conto da redenção feminina*, p. 72.

[62] FRANZ, Marie-Louise von. *O gato: um conto da redenção feminina*, p. 73.

o fundamento simbólico é a separação e a "re-união" dos sexos, oposição e equilíbrio dos princípios masculino-feminino.[63]

Até aqui explorarei a personagem Gato desse conto de fada como um elemento que simboliza o feminino e, portanto, viabiliza o processo de individuação. No entanto, o gato é carregado de outra simbologia tão importante quanto, que é o Hermes. E como o gato macho é associado a Mercúrio, a personagem Gato representa o Mercúrio alquímico, sinônimo do mito Hermes, que também possui as características de outro mito, o Trickster. Jung[64] estudou profundamente a cultura indiana e descreve o Trickster com as seguintes características: travessuras astutas com ambivalência (divertidas e malignas), duplicidade de natureza animal-divina, vulnerabilidade a todo tipo de tortura e proximidade com a figura do salvador. Devido a essas propriedades, lhe é atribuído também o sinônimo da figura alquímica de Mercúrio. Por sua vez, Trickster surge com propriedades demoníacas dos tempos primordiais, mais antigas que o próprio mito de Hermes.

Feita a análise do símbolo do gato, podemos retornar à questão do papel do número no conto de fada, mas agora focado na estrutura (número de personagens no início e no final do conto). Inicialmente, há uma falha na estrutura, pois são apresentados os três filhos e o pai, portanto, um quarteto masculino.

---

63 BRANDÃO, Junito. *Dicionário mítico-etimológico da mitologia grega.* JUNG, Carl Gustav. *Psicologia Alquimia.*

64 JUNG, Carl Gustav. *Os arquétipos e o inconsciente coletivo.*

Na família do Rei, somente é citada a filha, porém em equilíbrio – elementos masculino e feminino. No final, há uma dupla mista: o Marquês de Carabás e a filha do Rei (masculino e feminino). Mostra-nos que onde inicialmente havia desequilíbrio, no desfecho do conto se alcança o equilíbrio entre as polaridades masculino e feminino.

Quanto ao problema do conto, logo apresentado, trata-se da inconformidade do filho mais novo com a herança tão pobre que lhe foi deixada e que não lhe garantiria o futuro. Nesse momento, o Gato afirma que poderá ajudá-lo se ele lhe der botas e um saco. Ele resolve acreditar no gato e fazer o que ele pediu, respeitando seu instinto, mesmo achando aquilo esquisito. Aqui o jovem reconhece as qualidades – e a simbologia – do Gato, o respeita e lhe obedece, afinal, é ele quem sabe o caminho.

Nesse trecho do conto de fada, pode se fazer também uma interpretação mais literal, pois o gato é símbolo do feminino. Então, pode-se interpretar aqui o Gato como *anima*, elemento arquetípico de características psicológicas da mulher no homem. Antes, o jovem rapaz não tinha contato com o elemento feminino, sua mãe nem é citada no conto, o que mostra esse afastamento da *anima*. Agora, com a presença do Gato, ele entra em contato com sua *anima*, deixando-a atuar e conduzir sua vida. O Gato surge como elemento feminino, antes ausente na vida do rapaz. Como o que é reprimido e negligenciado é sombra, o Gato nesse momento também representa um aspecto da sua sombra.

Há uma atribuição importante sobre os animais: eles são portadores das projeções dos fatores psíquicos humanos. Nos contos de fada, muitas vezes é justamente um animal que mostra a saída das dificuldades. Outro fator de relevância é o de que o animal trazer ajuda representa simbolicamente o mundo dos instintos. Nos sonhos, ele é considerado expressão simbólica de cura e fonte de ajuda.[65]

Franz[66] assegura que ao interpretar um conto de fada deve-se analisar as variações dos contos existentes em outras culturas, bem como o mito do qual é oriundo. Há variações do conto de fada *O Gato de Botas*. Segundo Mendes,[67] na Itália o protagonista é uma gata. A história recolhida por Straparola, envolve uma viúva da Boêmia que morre e deixa uma gamela e um cilindro para fazer pão para os dois filhos mais velhos e para o mais novo a herança é uma gata, a qual resolve ajudar seu dono, Constantino, pois era uma fada. Passa a agradar o Rei, oferecendo presentes em nome do seu dono, prepara um falso afogamento do amo. O Rei o leva para seu castelo, onde conhece a princesa e se casam. Porém, como não tinha onde morar, a gata vai à frente da carruagem e

---

[65] FRANZ, Marie-Louise von. *Interpretação dos contos de fada*, p. 44. SILVEIRA, Nise da. *Gatos, a emoção de lidar.* JUNG, Carl Gustav. *A natureza da psique.* NEUMANN, Erich. *Amor e psique.*
EDINGER, Edward. *Ego e arquétipo: uma síntese fascinante dos conceitos psicológicos fundamentais de Jung.*

[66] FRANZ, Marie-Louise von. *A interpretação dos contos de fada*, pp. 52-53.

[67] MENDES, Mariza. *Em busca dos contos perdidos: o significado das funções femininas nos contos de Perrault.*

obriga os camponeses a dizer que aquelas terras eram de Constantino, o Afortunado. Entram em um castelo que todos dizem que era seu, pois o verdadeiro dono havia acabado de morrer em um acidente, e a história termina com Constantino tornando-se rei. Há ainda o conto norueguês *Mestre Pedro*, em que, depois de transformar o dono em rei, a gata pede que corte sua cabeça. Então, ela se transforma em uma princesa e os dois se casam.

No primeiro conto, a história tem a mesma dinâmica de *O Gato de Botas*, embora com maior número de elementos femininos: a mãe e a gata fêmea.[68] Além de o animal gato ser um elemento simbólico do feminino, é enfatizado por meio do sexo do animal. São três filhos e a mãe, formando um quatérnio misto, com elementos feminino e masculino. As tarefas da gata são as mesmas do nosso conto de fada, assim como o desfecho; ocorre o que a alquimia denominou de *coniunctionis* (união dos opostos) entre o feminino e o masculino. O segundo conto remete à transformação (o corte da cabeça), à morte do antigo, para que possa haver a *coniuctionis*. É interessante notar que no conto italiano é uma gata e há a presença da mãe. Segundo von Franz,[69] nos países euro-latinos do Sul, o arquétipo da Grande-Mãe é muito mais vivo que em países como a Noruega. Isso é muito bem demonstrado nos dois contos paralelos, em que no primeiro a mãe está presente, isso nos

---

[68] A gata (fêmea) está relacionada com a fertilidade e com a lua – símbolo do feminino (FRANZ, Marie-Louise von. *O gato: um conto da redenção feminina*).

[69] FRANZ, Marie-Louise von. *A individuação nos contos de fada*, p. 29.

remete à figura clássica da "mama italiana", enquanto no segundo não há a figura materna, bem como no próprio *O Gato de Botas*.

O conto de fada *O Gato de Botas* é provavelmente uma derivação de Hermes, personagem da mitologia grega. Isso porque várias atribuições feitas ao gato de botas também são feitas a Hermes, ou seja, ambas possuem elementos arquetípicos semelhantes.

Segundo Brandão,[70] Hermes é filho de Zeus (pai dos deuses e dos homens) e Maia (ninfa). No mesmo dia em que nasceu, mostrou seu poder de se ligar e de se desligar, ao se desvencilhar das faixas que o amarravam e em seguida se religar. Menino prodígio, roubou parte do rebanho de Admeto, que era guardado por Apolo e, por isso, é considerado símbolo de astúcia e trapaça – é um Trickster. Criou a *flauta de Pã* e a trocou com Apolo pelo caduceu de ouro e por lições de adivinhações. Possuía grande interesse pelos humanos. Também é considerado companheiro e protetor, deus agrário, deus das estradas e guardião dos caminhos. Ele também participa da união dos contrários e dos processos de cura. É um deus alquímico. Para os alquimistas, Hermes é sinônimo de Mercúrio, pois ambos participam da união dos contrários. No caso, Mercúrio pode ser feminino (branco e líquido) e masculino (metal e seco). Por isso, quando nos referimos a qualidades mercuriais, hermético e Hermes estamos falando do mesmo princípio: do que é volátil, que escapa, que não se prende, que se transforma, que é invisível...

---

[70] BRANDÃO, Junito. *Dicionário mítico-etimológico da mitologia grega; Mitologia grega.*

Hermes usava mágicas sandálias de ouro que lhe proporcionavam incrível velocidade e, devido a seu domínio e liberdade de circular nos três níveis, tornou-se mensageiro dos deuses, especialmente de Zeus e do casal Hades e Perséfones (do mundo ctônico, trevas). Dotado de inteligência e capacidade de psicopompia, isto é, condutor de almas nos três níveis: trevas, luz e terra.[71] Por isso, ele também é considerado um deus psicopompo. Além disso, ele possui a capacidade de invisibilidade e de se transportar rapidamente. Seu chapéu representa sua função mediadora. Enquanto seu caduceu apresenta nas pontas duas serpentes entrelaçadas, representando o equilíbrio do maléfico e do benéfico, a busca de uma mensagem espiritual e de cura, hoje é o símbolo da medicina.[72]

---

[71] Único deus capaz de circular nos três mundos: celeste, terreno e ctônico. Portanto, é o único deus capaz de entrar e sair das trevas (BRANDÃO, Junito. *Mitologia grega*).

[72] BRANDÃO, Junito. *Mitologia grega.*

Uma das várias imagens atribuídas a Hermes – Museu Britânico

Já Grimal[73] enfatiza essa apresentação de Hermes, pelo uso das sandálias aladas, com a mesma conotação de sandálias mágicas, bem como vestido de chapéu de abas largas e segurando um caduceu (objeto de ouro) símbolo de suas funções de arauto (mensageiro) divino. Entretanto, Brandão[74] aponta os vários sinônimos de Hermes, para ele, Hermes é assimilado ao deus ctônico egípcio Tot e no romano Mercúrio. Por isso, é chamado de Hermes Trimegisto, que significa "Hermes três vezes máximo", em um "novo formato" para o antigo mito grego.

Depois da análise de Hermes, é possível apontar elementos importantes presentes no mito e que permaneceram no conto de fada, como: as sandálias/botas mágicas, a astúcia, as qualidades tricksterianas, capacidade de transitar na luz e nas trevas (sombra), ser um guia da alma, ou ainda como metáfora do processo de favorecer os conteúdos inconscientes para a consciência. Por isso, podemos dizer que a personagem Gato é portadora de dois simbolismos, do feminino e do próprio Hermes.

Quero chamar a atenção para o símbolo do pedido do gato: uma bota, aquela que tanto me intrigava quando criança, e um saco. A bota agora parece óbvia, pois transforma um simples gato em um gato capaz de realizar as mais ardilosas e astutas façanhas, ou seja, as mesmas características da mitologia. Ainda há uma

[73] GRIMAL, Pierre. *Dicionário da mitologia grega e romana.*

[74] BRANDÃO, Junito. *Mitologia grega.*

menção a fazer sobre as botas, se as relacionarmos aos sapatos, temos outras simbologias apontadas por Chevalier-Gheerbrant.[75] Entre elas está o andar de sapatos, que representa o "tomar posse" da terra. Então, no momento em que o gato usa as botas ele passa a agir, e assim, tem atitudes de quem adquiriu consciência sobre seu lugar, toma posse do que é seu no mundo e exerce sua função. E o saco? O saco pode ser considerado um símbolo feminino, assim como o vaso, ele contém, acolhe e gesta. E no conto o saco possibilita contatar com outros símbolos femininos, como veremos adiante.

Esse conto de fada é rico em simbolismos. Como já exposto, existe o símbolo do gato, do Hermes e o do Trickster. Mas ainda falta analisar outro importante símbolo presente no conto: o do Rei.

O Rei se vê no Marquês de Carabás e projeta sua juventude e qualidades nele. O símbolo do Rei está diretamente ligado a outro símbolo, o sol, centro do sistema solar, também denominado de o Rei-Sol. O Rei é representante na Terra do princípio solar, pelo qual o sol tem a função de trazer luz e calor (sentido positivo) e de ser destruidor de vegetação e da umidade (sentido negativo). O sentido negativo do sol motivou os gregos a chamar os raios do sol de "flechas mortíferas de Apolo", do verbo destruir: *appollumi.*[76]

---

[75] CHEVALIER, Jean; GHEERBRANT, Alain. *Dicionário de símbolos.*

[76] FRANZ, Marie-Louise von. *O feminino nos contos de fadas.* p. 134.

Von Franz[77] afirma que nos contos de fada o Rei representa um princípio divino, do qual depende o bem-estar físico e psíquico de toda uma nação; um princípio dominante da mentalidade coletiva. O Rei pode ser considerado o símbolo do *self* ou *si mesmo*, com a função de centro regulador. Percebe-se que nesse conto de fada o Rei é o alvo de agrado do Gato, que implicitamente tem a tarefa de aproximar-se do Rei, analogamente, aproximar-se do *self*.

Na maioria dos contos de fada, a personagem principal recebe três tarefas a serem cumpridas.[78] Porém, nesse conto a tarefa não é explícita. O Gato segue uma trajetória que pode ser dividida em três tarefas: a primeira é agradar ao Rei, por meio de presentes atribuídos ao Marquês de Carabás, nome criado pelo Gato para seu dono; a segunda tarefa é apresentar o Marquês de Carabás ao Rei. Entretanto, havia o problema das roupas, então ele manda seu dono tirá-las e entrar no rio. Em seguida, o Rei passa e o Gato pede ajuda, o Rei lhe dá uma roupa elegante e a princesa se apaixona pelo Marquês de Carabás; a terceira tarefa é quando ele precisa mostrar os bens de seu dono, então ameaça os trabalhadores para que eles digam que o dono daquelas terras é o Marquês de Carabás, em seguida vai atrás do verdadeiro proprietário (Ogro) e o ludibria: convence o Ogro a se transformar em um rato e o devora. Com a conclusão das tarefas, o Gato, ou melhor, o elemento

[77] FRANZ, Marie-Louise von. *O feminino nos contos de fadas*. p. 134; *Interpretação dos contos de fada*, pp. 61-63.

[78] FRANZ, Marie-Louise von. *Interpretação dos contos de fada*. pp. 103, 105.

feminino, consegue cumprir seu papel, isto é, sair da sombra e aproximar a *anima* afastada. Em outras palavras, ocorre a redenção da sombra, por meio dessa integração dos opostos. A *anima* deixa de estar na sombra, deixa de estar no inconsciente para ser conscientizada.

Em cada tarefa são utilizados simbolismos que devem ser analisados. Na primeira, são os coelhos e as perdizes. Na segunda etapa, o simbolismo de ter que entrar no rio. Na terceira etapa, o trigo e o Ogro.

O simbolismo do coelho está nas mitologias, crenças e folclores. Estão relacionados com as imagens da lua, portanto, relacionados à velha divindade Terra-Mãe (ao simbolismo das águas fecundantes e regeneradoras, da vegetação e renovação perpétua da vida nas várias formas). Os coelhos são símbolos lunares porque dormem de dia e pulam à noite, sabem aparecer e desaparecer, assim como a lua, além de serem prolíficos. Portanto, são símbolos arquetípicos do feminino. Ao contrário do simbolismo do coelho, que é diretivo, a simbologia da ave perdiz é um tanto ambígua. O símbolo está ligado ao seu grito, que é reconhecido como um apelo ao amor. Também relacionado ao feminino; na Índia, referência à beleza dos olhos, no Irã o andar elegante de uma mulher. No entanto, a perdiz também é representada na tradição cristã como encarnação do demônio.[79]

[79] CHEVALIER, Jean; GHEERBRANT, Alain. *Dicionário de símbolos.*

Já o simbolismo do rio é o da fluidez, da fertilidade, da morte e da renovação. Representa a existência humana, a vida com tudo que ela tem: desejos, sentimentos, desafios.[80] Então, o simbolismo do rio está na necessidade de o Marquês se desnudar e mergulhar em seu inconsciente. Mergulhar nas profundezas interiores, adentrar nos sentimentos, nas características psicológicas intrínsecas do feminino a ele desconhecidas.

Na terceira etapa, há o simbolismo do trigo, ligado à renovação, ao renascimento. O grão do trigo que morre e renasce simboliza assim o renascimento ao estado primordial. Também representa o alimento da imortalidade.[81] Há ainda nessa etapa o Ogro, como em outros contos de fada, o Ogro representa aspectos de sombra, daquilo que é rejeitado ou temido pela consciência coletiva (o esquisito, grosseiro, o monstrengo). No conto de fada o Gato ardilosamente devora o Ogro e assim integra a sombra.

É interessante notar que o Gato conduz o feminino o tempo todo. Primeiramente ele presenteia o Rei com elementos femininos e depois transporta o filho mais novo ao rio, mergulhando-o no universo feminino. Outro ponto importante é que todas as tarefas apresentadas exigem qualidades tricksterianas para sua realização. Somente o Gato as pode cumprir, pois ele é capaz de fazer as coisas mais absurdas, entre as polaridades do bem e do mal,

---

[80] CHEVALIER, Jean; GHEERBRANT, Alain. *Dicionário de símbolos.*

[81] CHEVALIER, Jean; GHEERBRANT, Alain. *Dicionário de símbolos.*

com requintes de maldade e diversão, e ao mesmo tempo é o salvador daquele rapaz, exatamente como um Trickster ou uma das características de Hermes/Mercúrio. E o simbolismo de cada tarefa representa o processo de integração do feminino, do inconsciente e, por fim, o renascimento para uma nova relação com o *self* e o inconsciente, além de integrar a *anima* e a sombra.

No desfecho final, a quarta etapa dos contos de fada, o problema apresentado no início do conto deve ser solucionado. E assim é desenvolvido o conto. Ele consegue ter bens, o que possibilita que se case com a princesa e se torne um Rei. Nesse ponto há a integração com o feminino, já não mais com características de sombra, pois contatou, reconheceu e trouxe à consciência esse elemento importante da psique humana, o que possibilitou uma integração com o *self*, isto é, o *self* alinhado ao ego (eixo *self*-ego)[82] proporciona o processo de individuação.[83] Pois, à medida que o Marquês de Carabás consegue mergulhar no inconsciente, por meio do Gato, ele apropriou-se de conteúdos que antes não estavam ao dispor da consciência, integrando assim o *self*, o elemento feminino e o instinto.

---

[82] Eixo *self*-ego: o ego tem energia própria e o vivencia (nasce, cresce e se desenvolve). Porém, quando consegue diferenciar-se do *self*, cria-se o eixo *self*-ego, união das duas polaridades consciente/inconsciente. A tarefa da individuação é unir novamente *self* e ego (RUBY, Paulo. *As faces do humano).*

[83] FRANZ, Marie-Louise von. *A individuação dos contos de fada*, p. 273. Aponta que a individuação é um processo único para cada pessoa e, portanto, deve ser vivido por cada um. Por isso, nos contos de fada, o processo de individuação é representado, isto é, mostra certos aspectos típicos que muitas pessoas passam dentro de uma consciência coletiva em que o conto é vivo.

É importante salientar que o Marquês de Carabás é auxiliado durante todo o conto pelo elemento feminino. É o Gato, que possui qualidades mercuriais (que transporta o elemento feminino e comunica inconsciente a consciência, de conduzir a alma) que age em tempo integral em nome do seu dono, conquista a confiança do Rei, o transforma em Marquês e lhe consegue uma esposa, isto é, cumpre as atribuições da *anima*: mostrar o caminho e "escolhe a esposa ideal".

O casamento, no desfecho do conto de fada, restaura o equilíbrio entre os elementos feminino e masculino por meio da *coniunctionis*, união dos opostos. Isso possibilita a integração dos opostos e, consequentemente, o processo de individuação.

Apesar de não mencionar como o Marquês de Carabás torna-se Rei, o conto de fada mostra que a renovação do Rei é necessária, como o fato de ele assumir o trono instaura a renovação psicológica, agora com um rei jovem, repleto de novas possibilidades.

4.1 – Então o que *O Gato de Botas* traz para nós?

Depois de amplificar os símbolos presentes em *O Gato de Botas*, se faz necessário marcar sua importância psicológica. Aponta-se aqui, a existência da expressão de vários arquétipos: do feminino, da *anima* e de Hermes. O tema arquetípico desse conto de fada gira em torno da *anima* e de Hermes. Hermes participa da união dos opostos (masculino e feminino) que justamente caminha em direção do processo de individuação, ao integrar as polaridades, além de participar dos processos de cura. Para que haja a aproximação da *anima*, surge Hermes como facilitador desse processo, como um verdadeiro guia da alma, aquele que mostra o caminho que devemos seguir. Ele possui características de mediador, conhecedor das polaridades extremas do bem e do mal, aquele que comunica e transporta, o deus dos caminhos e com livre acesso a todos os mundos, inconsciente e consciente. Aqui se pode apontar uma característica em comum entre Hermes e *anima*, a de mostrar o caminho.

A *anima* é considerada o guia do homem. Portanto, aquele incapaz de compreender e assimilar a importância de se relacionar com ela, não terá condições de receber dela, em função do ego consciente e do seu intelecto, os benefícios dos auxílios da *anima*, que mostra o caminho e proporciona a união dos opostos e, em decorrência disso, o processo de individuação.[84]

Esse conto de fada trata justamente das capacidades da *anima*, suas características e o benefício para o homem que permite se relacionar com ela, pois, como salientou Neumann,[85] a *anima* possui o impulso transformador e estimula o homem a agir e criar,

---

[84] FRANZ, Marie-Louise von. *O homem e seus símbolos*, pp. 111, 113, 180, 188 e *A interpretação dos contos de fada*. pp. 108, 111-114.

[85] NEUMANN, Erich. *A grande mãe*.

tanto no mundo exterior, quanto no interior. Primeiramente, a *anima* estava na sombra, até que surge o Gato. É nítida a simbologia do gato como elemento feminino que representa a *anima*. A partir daí, o rapaz deixa a *anima* atuar e indicar o caminho, passando a se relacionar com ela (lembrando que o Gato representa o feminino ligado ao instinto). Então, ele passa a respeitar e obedecer ao instinto de se relacionar com sua *anima* e de seguir a força do *self* que sabe quais são as suas necessidades (inconscientes). Já ao final do conto de fada, depois de cumpridas as tarefas, a *anima* sofre a redenção, isto é, a *anima* é salva da sombra e passa a ser valorizada, reconhecida. E assim há integração da sombra ao consciente, proporcionando o processo de individuação.

Ainda é necessário apontar a ação da função compensatória que na tentativa de entrar em equilíbrio com o elemento feminino ausente/distante, utiliza várias representações e simbologias do feminino como: a perdiz, o rato, o coelho, o saco e o próprio gato como fatores compensatórios.

Como bem salientou Jung,[86] jamais será possível conhecer um arquétipo por completo, pois nunca será possível chegar à imagem primordial em sua totalidade. No entanto, deve-se estudar, ampliar, aprofundar cada arquétipo. Nesta obra, procurei ampliar ao máximo a reflexão, na tentativa de compreender o arquétipo da *anima*, o qual apesar da vasta literatura já existente, nunca se esgota.

---

86 JUNG, Carl Gustav. *Os arquétipos e o inconsciente coletivo.*

Portanto, a análise desse conto de fada mostra a seriedade do arquétipo da *anima* na vida do homem, suas formas de agir e seus efeitos. De quebra, ainda possibilita um olhar sobre a sombra. Por fim, ressalta a importância da conscientização e da integração de conteúdos inconscientes, proporcionando o processo de individuação. Ou seja, sair do coletivo e caminhar em direção de quem realmente se é. Para mostrar como isso acontece no processo psicoterapêutico, menciono os passos dados por pacientes que têm dificuldade de cuidar de si mesmos e negligenciam seus corpos. Após contatar esse conto de fada e trabalhar esses aspectos, podem integrar os aspectos do feminino (cuidar e nutrir) e a partir daí passam a ter um comportamento de cuidado com seu corpo através de: alimentação adequada, exercícios físicos, *check up* médico regular...

No entanto, surge uma pergunta importante: se esse conto de fada trata da *anima*, ou seja, do elemento feminino na psique masculina, de que modo sua interpretação pode auxiliar uma mulher? A resposta a essa pergunta merece um capítulo especial. Então vamos a ele!

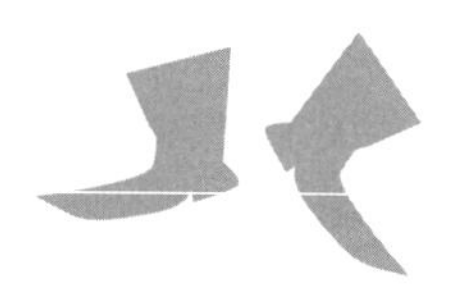

5
E na psique feminina?

O conto de fada *O Gato de Botas* proporciona ao leitor/ouvinte entrar em contato com conteúdos arquetípicos, especialmente com elementos femininos, acessados e trabalhados de forma inconsciente. Nesse momento pode acontecer uma aproximação com o feminino, o que é extremamente saudável, pois o que é ignorado fica na sombra e essa sempre requisita atenção; e, se não atendida, ela certamente mandará a conta cobrando a devida atenção. Porém, quando olhada e compreendida, viabiliza a integração (um aspecto da sombra integrada à consciência) que tem como consequência o processo de individuação. Por todos esses motivos, esse conto de fada também é destinado às mulheres e não somente à psique masculina, até aqui enfatizada segundo a interpretação clássica. Diante disso, se faz necessária a explanação do histórico do feminino e como esse conto de fada age na psique feminina.

Então, cabe aqui fazer um sucinto relato sobre o feminino na cultura ocidental, presente em grande parte das culturas. Nossa sociedade se constitui de forma patriarcal, isto é, maior valorização do masculino em detrimento do feminino. Portanto, para essas culturas o fator psíquico da consciência humana é "masculino". No outro polo, está o feminino de forma inconsciente. Lembrando que se trata de um fator simbólico, pois o inconsciente é composto de diversos conteúdos, entre eles os elementos femininos e masculinos. Consequentemente para a consciência ocidental, o feminino é vivenciado simbolicamente como inconsciente, tanto para mulheres quanto para homens. Isso foi estabelecido ao longo do processo de evolução, por homens e mulheres que viveram até hoje nessas culturas.[87]

Então sabemos que até mesmo para as mulheres o elemento feminino é inconsciente. Esse é o motivo pelo qual, ao ler/ouvir o conto *O Gato de Botas*, os conteúdos arquetípicos, nesse caso, os elementos femininos, são acessados e consequentemente de alguma forma trabalhados (inconscientemente) nessa leitora/ouvinte.

Por esses motivos, também utilizamos como ferramenta terapêutica na prática clínica a leitura de contos de fada e de mitos, pois conteúdos inconscientes são evocados e contatados, possibilitando trabalhar os complexos, arquétipos constelados dos pacientes de forma profunda, transformadora e curativa. Isso

[87] NEUMANN, Erich. *A grande mãe.*

porque, como já foi dito, os contos de fada buscam o equilíbrio, tirar os conteúdos de um polo extremo, isto é, trazer à consciência os conteúdos inconscientes. No caso de *O Gato de Botas*, trazer à consciência o elemento feminino.[88]

5.1 – Mas como se constitui a psique feminina?

Erich Neumann fez um belíssimo e extenso estudo sobre a constituição feminina do inconsciente. Ele aponta os elementos que se repetem em todas as culturas e a diversidade dos arquétipos femininos e suas representações. Para quem tiver interesse em se aprofundar, são estes os seus trabalhos: *A Grande-Mãe* e *A origem da consciência*. Mas, aqui para nós, basta entendermos a influência da sociedade patriarcal e dos arquétipos do feminino.[89]

Para nós hoje é difícil de imaginar uma sociedade matriarcal, mas a história da consciência humana tem sua origem em uma sociedade matriarcal. As tarefas para homens estavam ligadas à caça, enquanto às mulheres cabiam as colheitas de plantas e raízes. Nessa fase, o indivíduo vivia em grupo, em *participation mystique* com as plantas e os animais. Assim, a psique do grupo era dominante em

[88] FRANZ, Marie-Louise von. *A interpretação dos contos de fada*. pp. 25, 26, 34, 134, 223.

[89] NEUMANN, Erich. *A grande mãe; A origem da consciência*.

cada indivíduo. Podemos perceber esses elementos da sociedade matriarcal registrados na mitologia, quando o feminino é fecundado por: animais numinosos, ingestão de frutas, deuses... Também é oriunda desses primórdios a ligação do feminino com reino vegetal e a fertilidade. Exemplo disso, entre outras deusas, são as deusas Ísis e Deméter, ligadas à flor de lótus.[90]

Depois dessa breve fase, inicia a denominada "fase agrícola", com rituais de casamento, chuva e caça. É aqui que surge um fenômeno determinante para a constituição do matriarcado e patriarcado: a exogamia, que se compõe da formação de um grupo coeso de mulheres (avó, mãe, filha) e a exclusão de homens, aos quais elas permanecem ligadas apenas sexualmente. A exogamia provoca a constelação das qualidades femininas nas mulheres e das qualidades masculinas nos homens. Isso é determinante para a história evolutiva e para o modo como vivemos hoje. A exclusão dos homens no grupo de mulheres gera um outro grupo, o dos homens, fortificando assim o desenvolvimento do lado viril do masculino e o amortecimento de sua feminilidade. Nessa ocasião, a unilateralização do masculino realça habilidades para caça, luta e atração sexual. Porém, nas mulheres, a exogamia provoca o fortalecimento do feminino e enfraquecimento de sua masculinidade.[91]

---

[90] NEUMANN, Erich. *A grande mãe.*

[91] NEUMANN, Erich. *A grande mãe; A origem da consciência.*

É justamente a exogamia que possibilita a polarização do masculino e delineia o início da sociedade patriarcal. O grupo masculino, que se ocupava em caçar e guerrear, passa a conviver em grupo de nômades (caçadores e criadores de animais). O homem era um estrangeiro no clã com quem se casava e buscava união fora do clã com seus iguais. Aqui inicia as reuniões, organizações mais simples, progredindo até as mais complexas, como as ligas de homens. Com o passar do tempo, elas foram constantemente reforçadas, reformuladas e assim possibilitaram a criação das cidades, sistemas político-econômicos, industriais... No entanto, apenas com o conhecimento de que o ato sexual é que promove o nascimento, altera-se a visão da mulher como geradora de vida pela visão de que é o homem que tem o poder de dar a vida. A partir de então, o pai que antes era excluído (não existia pai) passa a ter poder sobre os filhos. Isso determina a nova versão de valores e a consolidação do patriarcado.[92]

Quero deixar claro aqui que essa foi a maneira como nos constituímos. "Utopicamente falando" o ideal não seria vivermos em uma sociedade matriarcal nem patriarcal, mas sim em uma sociedade harmônica entre os elementos masculinos e femininos. Porém, estamos longe disso.

Depois dessa menção de como se constituiu o feminino no contexto sociocultural e suas dimensões psíquicas, quero apontar alguns importantes aspectos do feminino, como arquetípico e a

[92] NEUMANN, Erich. *A grande mãe; A origem da consciência.*

transformação do feminino (que, Neumann chamou de mistérios da transformação do feminino).

Como já citado, arquétipos nada mais são do que imagens primordiais, humanas e universais. Para melhor compreensão, traçarei a seguir um esquema "cronológico" da origem do arquétipo elaborado por Neumann.[93] Os arquétipos estão ligados à fase inicial da consciência humana. No caso dos arquétipos ligados ao feminino, há o chamado estado de Uruboros, que é o estado primordial em que a consciência e o ego não são desenvolvidos. Quando há modificação desse estado Urobórico, isto é, quando ocorre a diferenciação dos elementos, positivo/negativos e feminino/masculino, é que emerge o arquétipo do Grande Feminino. A partir do Grande Feminino e do Uruboros maternal, emerge o arquétipo da Grande-Mãe. Depois, o arquétipo da Grande-Mãe (a Mãe-Terrível, a Mãe-Bondosa e Mãe--Bondosa-Má) é diferenciado em arquétipos particulares, expressos por imagens da Grande Deusa nas artes e nos mitos.

A mitologia expressa os arquétipos do feminino por meio das deusas. Todas essas deusas: Ártemis, Deméter, Atena, Perséfone (deusas gregas), Ísis (egípcia), Kali (indiana) e entre outras tantas, são fragmentações da Grande Deusa, isto é, do feminino vivido nas eras pré-patriarcais ou também chamado de matriarcal. Cada deusa – pertencente à mesma cultura – contém características únicas do feminino, tanto positivas quanto negativas.[94]

---

[93] NEUMANN, Erich. *A grande mãe.*

[94] BOLEN, Jean Shinoda. *As deusas e a mulher.*

Nós expressamos esse conteúdo arquetípico nos sonhos, nas fantasias e também em práticas expressivas como pinturas, desenhos, literatura, filmes... Jean Shinoda Bolen no livro *As deusas e a mulher*, afirma que conhecer as formas de expressão do arquétipo na mitologia ajuda-nos a enfrentar nossas dificuldades, pois cada deusa usa uma forma do arquétipo feminino para enfrentar suas tarefas e dificuldades. E cada pessoa em momentos diferentes da vida terá um arquétipo constelado que, ao entrar em contato com o mito apropriado, poderá elaborar, assimilar, conscientizar aspectos semelhantes vividos pela pessoa e pelo mito.

Para caminharmos rumo ao processo de individuação, temos que trilhar muitos caminhos em diferentes aspectos da vida. Um deles, muito importante na vida das mulheres, é a necessidade de transformação do feminino. Acerca disso, Neumann[95] aponta que é necessário o contato com o Grande Feminino para que essa transformação ocorra.[96] Aqui, é possível que haja uma necessidade intrínseca de movimento, mudança e transformação, e apesar ter o componente do coletivo presente no arquétipo do Grande Feminino, a mulher também poderá agir de forma própria, independente e consciente desse processo. Há diversas formas de uma mulher vivenciar o *caráter de transformação do feminino*, entre elas está o

---

[95] NEUMANN, Erich. *A grande mãe.*

[96] Neumann chamou esse processo de *caráter de transformação do feminino*, que nada mais é o sair da tendência original associado à constelação do processo dinâmico da psique. Isso promove a movimentação, a transformação do feminino (NEUMANN, Erich. *A grande mãe*).

processo biológico, em que naturalmente pode ocorrer a transformação por meio da menstruação, da gravidez, do nutrir seu filho, do proteger, do colo e do manter aquecido. Nesse processo, está a transformação da mulher ligada ao sangue, por meio da menstruação, o momento marcante na vida de uma mulher. A gravidez, período de não sangramento e de modificação corporal e de uma nova constelação arquetípica, agora como maternal.[97] Até o momento do parto, em que há necessidade do sangramento. E, o amamentar está envolto na simbologia da transformação do sangue em leite, isto é, em alimento. Todos esses aspectos são possíveis transformadores e consteladores do Grande Feminino em suas diferentes facetas.

No entanto, percebo que a gestação não é exclusiva para a constelação da Grande-Mãe, como mencionado anteriormente, há várias formas para que essa constelação ocorra. Exemplo disso, são as mães que não geraram seus filhos (como nos casos da adoção e barriga de aluguel/solidária), ao vê-los pela primeira vez, elas vivenciam essa forma do caráter de transformação do feminino, o que possibilita a constelação do arquétipo da Grande-Mãe nelas.

Por fim, é importante enfatizar que a imagem arquetípica da Grande-Mãe é vivenciada tanto na mulher quanto no homem. No entanto, por vivermos em uma sociedade patriarcal, temos que buscar uma via de relação com o feminino, que está inconscientizado, tanto para as mulheres, quanto para os homens. Para os homens,

[97] No entanto, há casos em que não há constelação do arquétipo da Grande Mãe, dessa forma, elas não conseguem exercer o papel de mãe (NEUMANN, Erich. *A grande mãe*).

essa via pode ser proporcionada pelo arquétipo da *anima*. Enquanto para as mulheres esse auxílio pode vir pelo arquétipo da Grande-Mãe – Grande Deusa. Podemos perceber a manifestação do elemento feminino nos símbolos que a humanidade utilizou – desde os primórdios até hoje – para trabalhar e expressar o feminino. São exemplos desses símbolos: o vaso, a madeira, a urna, a caverna, a terra, o gato, a ave, a ursa, a serpente, a lua, a aldeia, a cidade, a casa, a porta, o preparo de alimentos... Tudo isso, símbolos e arquétipos, podem ser manifestados na vivência de cada um por meio de sonhos, visões, fantasias, projeções, atividades artísticas, arteterapia. Uma forma para que os símbolos não nos passem despercebidos é prestar atenção aos sonhos, visões, artes (que produzimos e vemos) e nos debruçarmos na seguinte análise: "a serviço de que minha psique utilizou esse símbolo nesse momento da vida?". Assim, muito lentamente, possibilitamos trazer à consciência o elemento feminino e os demais conteúdos do nosso inconsciente. No entanto, esse processo é potencializado na psicoterapia, pois há um continente para expressão e compreensão – verbal e não verbal – do processo psíquico de cada um de nós.

6
E o que fica para nós?

Independentemente se falarmos de *anima* (no homem) ou de feminino (na mulher) *O Gato de Botas* nos traz o mesmo significado, isto é, a busca do contato com o elemento feminino, que estava distante. O Gato e toda sua simbologia, associado à sua capacidade mercurial, auxilia o processo de tirar da sombra o feminino, à medida que vai se relacionando com tantos elementos femininos já citados. E, ao integrar esse elemento à consciência, cria-se uma nova relação e caminha rumo ao processo de individuação.

É por meio dos símbolos - gato, coelho, perdiz, rato, saco - que se torna possível trabalhar o elemento feminino, pois o símbolo é detentor da capacidade de transformação e juntamente com a *função transcendente*[98] que desestabiliza a unilateralização

[98] Função transcendente é a função psicológica que resulta da união do inconsciente e consciente e assim permite a mudança de uma atitude para outra (JUNG, Carl Gustav. *A natureza*).

da consciência (no caso, o afastamento do feminino que estava inconsciente) e busca unir os conteúdos conscientes e inconscientes. Tudo isso para tornar possível a passagem de uma atitude para outra (no caso, se aproximar do feminino) e assim, esse conteúdo chega à consciência. Isso é extremamente curativo! E também é mais um caminho percorrido dentro do processo de individuação.

Von Franz[99] diz que é provável que, durante o processo de interpretação de um conto de fada, se sonhe sobre ele e esse sonho auxilie a interpretação. Então, compartilho aqui um dos sonhos que tive durante a redação deste livro:

> *Estava saindo da garagem de um prédio em que já morei. Exatamente no meio, entre a garagem e o prédio, olhei para o chão e, ao subir o olhar, vi botas pretas e um ser peludo, logo percebi que era o Gato de Botas, que estava entre um homem e uma mulher. E eles vinham por um dos dois caminhos que levavam à garagem. Fiquei admirada com o gato e disse: – Você existe mesmo! E então conversei com ele...*

Esse sonho, que obviamente foi extremamente forte para mim, mobilizador e transformador, traz a essência do conto de fada, do *Gato de Botas* como: meio, mediador, caminho, aquele que faz a ligação. Exatamente como uma das qualidades dos gatos e também de Hermes: como meio e mediador.

---

[99] FRANZ, Marie-Louise von. *A interpretação dos contos de fada*, pp. 55 e 240.

Para finalizar, gostaria de enfatizar a importância de lermos contos de fada às crianças, pois "esses contos servem como organizadores da vida psíquica na infância".[100] Conforme diz Jung,[101] na fase infantil todos estão ainda imersos no inconsciente coletivo e o contato com os contos de fada auxilia a organizar a estrutura mental, pois possibilita criar uma dimensão para esse pensamento, que ainda é muito concreto, mitológico, arquetípico. Por isso, devemos ler os contos de fada para as crianças como eles realmente são, sem retirar as personagens e suas ações maléficas, pois uma das funções dos contos de fada é justamente dar um lugar a esses conteúdos arquetípicos e estruturar a criança para que ela possa enfrentar a vida como ela é, isto é, com frustrações, medos, derrotas e também alegrias e conquistas. Aos adultos, que já trilharam um percurso e saíram um pouco do coletivo e do universo inconsciente ligado aos pais, os contos de fada possibilitam contatar novos conteúdos e constelar novos arquétipos, o que é extremamente benéfico à nossa saúde mental.

[100] Ideia difundida por Jung sobre contos de fada e mitos, no entanto, essa é uma frase de autoria Joyce Werres, em aula ministrada no curso de pós-graduação em Psicologia Clínica Junguiana da Faculdade Monteiro Lobato em Porto Alegre – desenvolvida em parceria com o Instituto Junguiano do Rio Grande do Sul.

[101] JUNG, Carl Gustav. *A natureza da psique; O desenvolvimento da personalidade.*

Glossário

Arquétipos: imagens humanas universais e originárias, pertencem ao inconsciente coletivo (JUNG, Carl Gustav. *Os arquétipos e o inconsciente coletivo*).

Ânimus: imagem do homem na psique da mulher. Características psicológicas intrínsecas do homem na psique da mulher. Ele também é influenciado pela vivência do pai pessoal (FRANZ, Marie-Louise von. *O homem e seus símbolos,* p. 189).

Anima: imagem da mulher na psique do homem. Características psicológicas intrínsecas do homem na psique do homem. Ela também é influenciada pela vivência da mãe pessoal (FRANZ, Marie-Louise von. *O homem e seus símbolos*, pp. 177 e 180).

Complexo: agrupamento de ideias ou imagens, em torno de um arquétipo. Carregado de emoções e pensamentos que em algum momento podem conduzir a condutas ou pensamentos que conscientemente a pessoa não faria. (JUNG, Carl Gustav. *A natureza da psique*).

Constelar/constelado: quando determinado arquétipo é envolvido por uma energia exacerbada decorrente de um fator exterior – pessoa ou situação – um complexo é constelado, "potencializado" (JUNG, Carl Gustav. *A natureza da psique*).

Energia psíquica: a energia psíquica (libido) é que move a psique, alimenta os complexos, afetos, comportamentos, aptidões... (JUNG, Carl Gustav. *A energia psíquica*).

Inconsciente coletivo: agrupa conteúdos da experiência humana. É a camada da estrutura da psique humana que contém elementos herdados diferentes do inconsciente pessoal (JUNG, Carl Gustav. *Psicologia do inconsciente*).

Inconsciente pessoal: agrupa conteúdos da vivência pessoal, aquilo que é reprimido, esquecido (JUNG, Carl Gustav. *Psicologia do inconsciente*).

Individuação: processo de sair da coletividade e tornar-se si mesmo, percepção de si. (JUNG, Carl Gustav. *O eu e o inconsciente*).

Numinoso: forças semelhantes àquelas vivenciadas pelo homem primitivo como fascinantes, terríveis e avassaladoras; por isso, ganharam atributos de fonte de caráter divino (JUNG, Carl Gustav. *A natureza da psique*).

Participation mystique: conexão psicológica primitiva com objetos ou pessoas que produz intenso vínculo inconsciente (NEUMANN, Erich. *A Grande-Mãe*).

Projeção: processo do inconsciente pelo qual um conteúdo inconsciente é retirado do indivíduo e projetado para outro indivíduo ou objeto; por isso, o que é projetado no outro na verdade é seu (JUNG, Carl Gustav. *Tipos psicológicos*).

Símbolo: melhor descrição de um fato relativamente desconhecido, porém reconhecido ou postulado como existente. Portanto, o símbolo não é uma nomeação, nem uma convenção, mas sim a expressão de uma experiência livre que aponta um significado não racional (JUNG, Carl Gustav. *A natureza da psique*).

Si mesmo: também chamado *self*, tem efeito ordenador da psique – inconsciente e consciente (JUNG, Carl Gustav. *A natureza da psique*).

Sombra: é tudo aquilo que conscientemente a pessoa não quer ser; contém aspectos negativos e positivos. Portanto, a sombra é conteúdo inconsciente, reprimido. Envolve a personalidade inconsciente e aspectos desconhecidos ou pouco conhecidos do ego (JUNG, Carl Gustav. *A vida simbólica*).

Totalidade: à medida que individuamos vivemos a totalidade, porque ao tornar-se si mesmo, quem realmente se é, consequentemente se vive a totalidade do ser (JUNG, Carl Gustav. *A natureza da psique*).

Tipo psicológico: há dois tipos de atitudes – introversão (interno) e extroversão (externo) – são as formas pela qual a energia se direciona, de como nos relacionamos com o mundo. Além disso, há quatro tipos de funções, formados por dois pares em oposições: racionais (pensamento/sentimento) e irracionais (sensação/intuição). A função pensamento possui como característica: relacionar os pontos, buscando uma lógica. Já o sentimento, apesar do nome, não se caracteriza por emoções, mas por valores. Enquanto a intuição é expressa através de um sentimento de saber para onde ir, sem se basear em conhecimentos conscientes. E, a sensação é caracterizada pela percepção através dos sentidos. A primeira função, a mais desenvolvida é chamada de função superior, seguida das auxiliares (segunda e terceira funções) e a quarta, e menos desenvolvida, é chamada de função inferior. Por exemplo, quando a sensação é a mais desenvolvida (superior) a função inferior é a intuição, e as auxiliares são: pensamento e sentimento, e, a mais desenvolvida entre elas será a auxiliar (primeira auxiliar ou segunda função) e a outra restará ser a segunda auxiliar ou terceira função (JUNG, Carl Gustav. *Tipos psicológicos*).

Uroboros: serpente mítica que devora a própria cauda. Símbolo da individuação (NEUMANN, Erich. *A Grande-Mãe*).

Referências bibliográficas

AMMANN, Ruth. *A terapia do jogo de areia: imagens que curam a alma e desenvolvem a personalidade*. São Paulo: Paulus, 2002.

BLY, Robert. A comprida sacola que arrastamos atrás de nós. Em: ZWEIG, Connie; ABRAMS, Jeremiah (Org). *Ao encontro da sombra: o potencial oculto do lado escuro da natureza humana*. São Paulo: Cultrix, 2005, pp. 30-35.

BOLEN, Jean Shinoda. *As deusas e a mulher*. São Paulo: Paulus, 2007.

BRANDÃO, Junito. *Dicionário mítico-etimológico da mitologia grega*. Vol. II Petrópolis: Vozes, 1991.

_____. *Mitologia grega*. Vol. II. Petrópolis: Vozes, 2008.

CHEVALIER, Jean; GHEERBRANT, Alain. *Dicionário de símbolos*. Rio de Janeiro: José Olimpio, 1998.

COELHO, Nelly Novaes. *Panorama histórico da literatura infantil, juvenil*. São Paulo: Ática, 1991.

EDINGER, Edward. *Ego e arquétipo: uma síntese fascinante dos conceitos psicológicos fundamentais de Jung*. São Paulo: Cultrix, 2006.

GRIMAL, Pierre. *Dicionário da mitologia grega e romana*. Rio de Janeiro: Bertrand,1993.

HOFMANN, Helga. *O gato: entendendo as necessidades e instintos do seu gato*. São Paulo: Martins Fontes, 1997.

JACOBI, Jolande. *Complexo, arquétipo, símbolo: na psicologia de C. G. Jung*. São Paulo: Cultrix, 1986.

JUNG, Carl Gustav. *A energia psíquica*. Volume VII/1. Petrópolis: Vozes, 2002.

______. *A natureza da psique*. Volume VIII/2. Petrópolis: Vozes, 1971a.

______. *A prática da psicoterapia*. Volume XVI/1. Petrópolis: Vozes, 2004.

______. *A vida simbólica*. Volume XVIII/1. Petrópolis: Vozes, 1998.

______. *Interpretação psicológica do dogma da trindade*. Volume XI/2. Petrópolis: Vozes, 2008a.

______. *O desenvolvimento da personalidade*. Volume XVII. Petrópolis: Vozes, 2006.

______. *O eu e o inconsciente*. Volume VII/2. Petrópolis: Vozes, 2007a.

______. *Os arquétipos e o inconsciente coletivo.* Volume IX/1. Petrópolis: Vozes, 1971b.

______. *Psicologia do inconsciente.* Volume VII/1. Petrópolis: Vozes, 2005.

______. *Psicologia e alquimia.* Volume XII. Petrópolis: Vozes, 2007b.

______. *Tipos psicológicos.* Volume VI. Petrópolis: Vozes, 2008b.

MENDES, Mariza. *Em busca dos contos perdidos: o significado das funções femininas nos contos de Perrault.* São Paulo: UNESP, 2000.

NEUMANN, Erich. *A Grande-Mãe.* São Paulo: Cultrix, 2006a.

_______. *Amor e psique.* São Paulo: Cultrix, 1995.

_______. *A origem da consciência.* São Paulo: Cultrix, 2006b.

PENNA, Eloísa M. D. A imagem arquetípica do curador ferido no encontro analítico. Em: WERRES, Joyce. *Ensaios sobre a clínica Junguiana.* Porto Alegre: Imprensa Livre, 2005.

PERRAULT, Charles. *Contos da mamãe gansa.* Porto Alegre: Paraula, 1994.

RUBY, Paulo. *As faces do humano: estudos de tipologia Junguiana e psicossomática.* São Paulo: Oficina de textos, 1998.

SILVERA, Nise da. *Gatos, a emoção de lidar.* Rio de Janeiro: Léo Christiano Editorial, 1998.

VON FRANZ, Marie-Louise. *A individuação nos contos de fada*. São Paulo: Paulus, 2003.

______. *A tipologia de Jung*. São Paulo: Cultrix, 2007.

______. *A sombra e o mal nos contos de fada*. São Paulo: Paulus, 2002a.

_______. *A interpretação dos contos de fada*. São Paulo: Paulus, 2007.

______. *O feminino nos contos de fadas*. Petrópolis: Vozes, 1995.

______. *O gato: um conto da redenção feminina*. São Paulo: Paulus, 2000.

______. O processo de individuação. Em: JUNG, C.G. *O homem e seus símbolos*. Rio de Janeiro: Nova Fronteira, 2002b, pp. 158-230.

WHITMONT, Edward. *A busca do símbolo: Conceitos básicos de psicologia analítica*. São Paulo: Cultrix, 1994.

YOUNG-EINSENDRATH, Polly; DAWSON, Terence. *Manual de Cambridge para estudos junguianos*. Porto Alegre: Artemed, 2002.

(Ilustração: Cladis Bourscheid)

Esta obra foi composta em CTcP
Capa: Supremo 250g - Miolo: Pólen Soft 80g
Impressão e acabamento
Gráfica e Editora Santuário